JACOB...

L'homme transformé par Dieu

<u>DOMENICO BARBERA</u>

ISBN: 9798744240875

@ 1019863 **Domenico Barbera**

9138 Hendershot Blvd, Niagara Falls, ONT. L2H 0E3 (Canada) tel. (905) 354-2237 courriel: Barbera.Domenico@yahoo.ca

Tous les droits sont réservés. Aucune partie de ce volume ne peut être reproduite de quelque manière que ce soit, sans l'autorisation écrite préalable de l'éditeur, à l'exception de quelques brèves citations d'articles de critique et de critique.

Titolo originale: "Giacobbe... L'uomo trasformato da Dio"

Traduttore: Jander Temístocles de Oliveira

www.facilincluir.com.br

Œuvres du même auteur:

- ❖ Jésus-Christ est-il Dieu?

- ❖ Le grand mandat de Jésus-Christ

- ❖ Les héros de la **foi** selon Hébreux 11

- ❖ Le mariage est-il une institution divine?

- ❖ La première multiplication des pains

- ❖ NEHEMIA - Un homme poussé et soutenu par une motivation héroïque

- ❖ A qui sont les témoins Tour de Garde?

- ❖ Le monde des esprits

- ❖ Jésus - Le guérisseur divin

- ❖ La **foi** dans l'enseignement de la Bible

- ❖ Jacob - Homme transformé par Dieu

- ❖ Le voyage d'un peuple - De l'Égypte au pays de Canaan

- ❖ Faire du bien pour le bien de quelqu'un

- ❖ L'homme se comporte et agit conformément à ce qu'il croit

- ❖ Les femmes mentionnées dans la Bible

- ❖ Ce que la Bible rapporte sur Satan

- ❖ Quelques impératifs de la Bible

- ❖ Prophètes et prophéties dans le Nouveau Testament

❖ Gideon - Un chef d'orchestre choisi par Dieu

❖ Joseph - L'homme nommé Safnat-Paneac

❖ Les paraboles de Jésus

Dédicace

Nous dédions ce travail à ceux qui, marchant comme pèlerins et étrangers dans ce monde, savent s'abandonner entre les mains de Dieu, faire leur pèlerinage et lui être reconnaissants dans leur vie chrétienne.

INDICE DE VOLUME

PRÉSENTATION

Jacob, ou selon l'étymologie actuelle, «celui qui prend par le talon» (car à la naissance il tenait le talon de son frère jumeau Esaü dans sa main). C'est le titre de l'œuvre que nous présentons.

En lisant tout sur lui dans la Genèse, nous constatons que ce patriarche avait de nombreux défauts notoires pour lesquels Dieu, dans sa bonté, voulait intervenir, permettant également à ce "suppliant" (autre étymologie du nom) de souffrir dans sa vieillesse pour le " perte "de son fils Joseph, le bien-aimé.

On pourrait considérer Jacob comme le type d'homme charnel par excellence, mais il a été régénéré, «transformé» par la grâce imméritée de Dieu, c'est pourquoi il n'est pas déplacé d'accepter une autre étymologie de son nom qui dit «Dieu protège». Son nom, en effet, figure parmi les "héros" de la foi "(Hébreux 11.21).

Voilà, en résumé, le personnage que l'auteur de ce livre a examiné et que nous vous présentons. Cependant, ce qui mérite d'être souligné, c'est que le pasteur **Domenico Barbera** (déjà connu du public italien pour ses différentes publications), ne se limite pas à la simple histoire biblique de ce grand patriarche, mais en tire un enseignement pratique pour nous que nous vivre dans un contexte historique très différent de celui de Jacob, affirmant en cela que la Parole de Dieu *est utile pour enseigner, réprouver, corriger, éduquer à la justice* ... (2 Timothée 3.16).

Je suis sûr que le lecteur de cet ouvrage sera édifié, stimulé et encouragé à s'approprier dans sa propre vie, ces observations et ces conseils que l'auteur puise directement en exposant les événements qui se sont déroulés au cours de l'existence de ce patriarche qui est le nôtre.

Mon vœu, pour tous ceux qui liront ce livre, est qu'ils se rendent compte que le Dieu de Jacob (Exode 3.6; 4.5; 2 Samuel 23.1; Psaume 20.2; Esaïe 2.3), ou le Puissant de Jacob (Psaume 132.2), est toujours le lui-même (Hébreux 13.8) et peuvent transformer leur vie pour pouvoir témoigner comme Jacob: Dieu a été mon berger depuis mon existence jusqu'à ce jour (Genèse 48.15).

Nino Tirelli

INTRODUCTION

L'histoire de Jacob, telle qu'elle est présentée et décrite dans le livre de la Genèse, d'une manière particulière - sans exclure ce qui est dit dans d'autres textes de la Bible - est intéressante à plusieurs égards. Ce n'est pas seulement l'aspect purement narratif que l'écrivain sacré fait de ce patriarche de l'antiquité, qui attire l'attention du lecteur ordinaire de la Bible - et du savant en particulier -, mais c'est aussi, dans une large mesure, avec référence aux différentes situations et problèmes auxquels Jacob a dû faire face au fil des ans.

Quand alors, ces différentes circonstances sont appliquées dans la vie de chacun de nous, tout en vivant à d'autres époques et dans d'autres contextes sociaux, la validité devient plus évidente, au niveau de l'expérience humaine. Si nous examinons ensuite la vie religieuse et convergeons dans l'existence quotidienne en ce qui concerne les enseignements chrétiens, l'histoire de Jacob, avec toutes ses vicissitudes et les nombreuses difficultés dans lesquelles il s'est trouvé au cours des années de sa vie, cela deviendra un point de contact et de réflexions. cela, inévitablement, nous conduira à faire des comparaisons entre l'homme du passé et l'être humain du présent.

Quand on parle de l'homme en général, voire du primordial, en ce qui concerne la manière de conduire son existence, - même si le mode de vie d'aujourd'hui est très différent de celui des temps anciens -, cependant, il y a toujours un fil conducteur que unit les hommes de toutes les époques, quelle que soit la phase de l'histoire que chacun d'eux a vécue. Ceci, bien sûr, concerne l'aspect de la nature humaine, qui est le même pour tous les êtres humains. Qu'alors les relations de communion avec Dieu, entre Lui et l'homme se soient développées, pour le pire ou pour le meilleur, par rapport à l'antiquité, tout dépendra de la façon dont le problème est posé et comment il est évalué, du point de vue de la vie religieuse.

L'histoire de la vie de Jacob, telle que la Bible nous la présente, à bien des égards, peut nous fournir des enseignements précieux. Les diverses circonstances que cet homme a rencontrées dans sa vie, non seulement font partie intégrante de l'existence humaine, mais représentent également les différentes phases et développements d'une succession d'expériences, positives et négatives, qui laissent invariablement des marques indélébiles dans la vie humaine.

À cet égard, étudier la vie de Jacob sera utile, non seulement pour nous faire saisir les côtés sombres de l'existence humaine, avec toutes ses lacunes, ses défauts et toutes les conséquences qui en découlent, mais nous fera voir et apprécier. Aussi les interventions de Dieu en faveur de l'homme, dont la dernière: la venue du Fils de Dieu au milieu des êtres humains. Tout cela, bien sûr, avec la perspective claire de la parole de l'Écriture:

Nous savons maintenant que toutes choses concourent au bien de ceux qui aiment Dieu, qui sont appelés selon son dessein (Romains 8:28).

Avec cette direction claire, et avec l'espoir et la conscience que l'histoire de Jacob pourra nous ouvrir les yeux pour nous faire voir les réalités de l'esprit, au niveau de la vie pratique, et nous faire mieux comprendre les interventions de Dieu, toutes de cela nous amène que cela mènera inévitablement à une plus grande appréciation de son amour et de l'attention qu'il a pour ses enfants. Nous allons donc passer en revue l'histoire de Jacob, méditant et réfléchissant sur ce personnage de l'antiquité.

Quant aux données statistiques, le nom de Jacob apparaît dans toute la Bible 392 fois; 365 dans l'Ancien Testament et 27 dans le NT Le livre de la Bible qui a plus d'occurrences est celui de la Genèse avec 196 apparitions; tandis que dans les prophètes majeurs et mineurs, cela se produit 93 fois. Celui qui le nomme le plus parmi les principaux prophètes est Ésaïe, avec 42 occurrences. Face à cette statistique, nous consacrerons un chapitre qui rassemblera les références prophétiques, afin que nous sachions comment elle a été définie par elles.

Le texte biblique que nous utiliserons dans cette étude sera celui de la Nouvelle Bible, et lorsqu'une autre version sera utilisée, elle sera clairement spécifiée.

Un grand merci au cher frère Nino Tirelli pour les sages suggestions qu'il nous a données et aussi pour le travail de correction et de révision des preuves.

Niagara Falls, avril 2004

Domenico Barbera

Chapitre 1

LA NAISSANCE DE JACOB

*19 Voici la lignée d'Isaac, fils d'Abraham. Abraham eut pour fils Isaac. 20 Isaac était âgé de 40 ans quand il prit pour femme Rebecca, qui était la fille de Bethuel, l'Araméen de Paddan-Aram, et la sœur de Laban l'Araméen. 21 Isaac supplia l'Eternel pour sa femme, car elle était stérile, et l'Eternel l'exauça: sa femme Rebecca tomba enceinte. 22 Les enfants se heurtaient à l'intérieur d'elle et elle dit: «Si telle est la situation, pourquoi suis-je enceinte?» Elle alla consulter l'Eternel, 23 et l'Eternel lui dit: «Il y a deux nations dans ton ventre, et deux peuples issus de toi se sépareront. Un de ces peuples sera plus fort que l'autre, et *le plus grand sera asservi au plus petit[a].» 24 Le moment où elle devait accoucher arriva, et voici qu'il y avait des jumeaux dans son ventre. 25 Le premier sortit roux et tout couvert de poils, comme un manteau. On l'appela Esaü. 26 Ensuite sortit son frère, dont la main tenait le talon d'Esaü. On l'appela Jacob. Isaac était âgé de 60 ans à leur naissance* (Genesi 25.19-26).

La conception de Rebecca

Rebecca, la femme d'Isaac, était stérile; et, si Dieu n'avait pas opéré un miracle dans son corps, elle n'aurait jamais pu devenir mère. La conception de Rebecca a lieu à la suite de la prière qu'Isaac, son mari, a faite au Seigneur en sa faveur. Sa conception représente donc la preuve de l'accomplissement de cette prière. Si Isaac a prié le Seigneur pour sa femme, cela montre qu'il croyait que Dieu pouvait guérir la stérilité de Rebecca. On ne nous dit pas si Rebecca elle-même avait en quelque sorte prié l'Éternel pour la guérison de sa stérilité. À partir de ce détail que nous fournit le récit biblique, nous pouvons apprécier la valeur de la prière élevée à Dieu en faveur des autres.

L'exhortation de l'Écriture *à prier les uns pour les autres* (Jacques 5.16), ne se limite pas seulement à certaines choses, mais englobe tout; que ce soit des choses matérielles ou des choses spirituelles. Il se réfère non seulement aux gens de l'antiquité, dont la Bible parle dans tant de passages, mais il est également valable pour les gens et les besoins de notre temps, quels qu'ils soient.

La grossesse de Rebecca

La grossesse de Rebecca n'était certainement pas l'une des meilleures. Le fait même que *les bébés se soient poussés dans son ventre* indique que maman n'a certainement pas apprécié cela, à cause de ce qu'elle ressentait dans son corps. Oui, il est vrai que chaque mouvement est un signe de vie, (en matière de grossesse) en l'absence duquel la femme enceinte pourrait avoir en tête le spectre de la mort pour l'enfant à naître. Cependant, cela ne signifie pas que ces bousculades que les deux enfants se sont donnés dans le ventre de leur mère n'ont servi qu'à rassurer Rebecca que ce qui avait été conçu en elle était vivant, mais ils parlaient aussi le langage du trouble et de la souffrance.

1. Dans l'utérus Jacob et Esaü se sont poussés

La mère Rebecca, même si elle était aimée de son mari Isaac, était stérile; et pour que Rebecca conçoive, nous le répétons, il a fallu une intervention de Dieu dans sa vie, à la suite d'une prière particulière qu'Isaac a faite à l'Éternel (Genèse 25.21). Les deux enfants dans le ventre de sa mère "*se sont poussés l'un l'autre*" - ou comme le dit une autre version "ils se sont heurtés" (v.22), à tel point que la mère, incapable de l'expliquer - et certainement les maux qu'elle ressentait n'étaient pas indifférents - ils l'ont amenée à «consulter l'Éternel», qui a dit:

Deux nations sont dans votre sein, et deux peuples séparés sortiront de votre sein. L'un des deux peuples sera plus fort que l'autre, et le plus grand servira le plus jeune (v. 23).

Nous n'avons aucune idée de comment Rebecca aura enduré la grossesse en pensant avant tout aux paroles de l'Éternel, puisque la Bible ne nous dit rien, sans sous-estimer les souffrances physiques auxquelles cette mère aura été confrontée. En pensant aux "coups de pouce" que les deux frères se donnaient, dans le ventre de la mère, l'un contre l'autre, sans s'en rendre compte - car dans cet environnement dans lequel ils se trouvaient il n'y avait pas un minimum de connaissances en eux pour les responsabiliser - cependant, nous qui lisons ces mots, sommes amenés à réfléchir et à méditer, ainsi qu'à penser à la gêne et au dérangement qu'ils ont causé à la mère.

L'attitude inconsciente des deux frères, à «se pousser» dans l'utérus, pourrait nous suggérer qu'il n'y avait peut-être pas assez de place pour eux. Quel que soit l'état de l'utérus de Rebecca, en ce qui concerne l'espace pour la vie de ses deux enfants, et puisque les deux frères, dans le ventre de la mère, étaient séparés l'un de l'autre, le petit corps de l'un pouvait facilement presser l'autre, et en même temps le forcer à se sentir mal à l'aise dans son environnement. Il ne s'agit évidemment pas d'aborder un problème obstétrical et de l'expliquer à la lumière de la science médicale, même si l'attitude des deux bébés dans l'utérus pourrait nous y conduire.

Nous ne pensons pas que ce détail que l'écrivain sacré a inséré dans le récit de la Genèse - qui fait alors partie du livre de Dieu - était destiné à nous donner une leçon de gynécologie. Mais si nous appliquons ce détail dans la vie pratique de nous, les gens formidables, nous pouvons voir l'une des nombreuses attitudes égoïstes et en même temps apprendre une leçon importante pour la vie quotidienne.

2. Une application pour la vie de tous les jours

1) Les «poussées», qui se donnent les unes aux autres, ne sont certainement pas des actes à énumérer en actions «héroïques et bienveillantes»; ce sont des actes plutôt grotesques de caractère désagréable et sociable.

2) Le "push" les uns aux autres, en utilisant le dicton:

Soyez seul, ne vous approchez pas, car je suis plus saint que vous (Esaïe 65: 5),

1) Ce n'est certainement pas une preuve et une démonstration de haute "spiritualité"; au contraire, cela dénote une attitude d'arrogance et d'orgueil, et l'essence spirituelle, comprise dans le sens biblique, est très éloignée de cette personne, pour ne pas dire qu'elle est presque absente.

2) Le fait de «pousser» les uns contre les autres dénote une attitude d '«égoïsme» et d' «intolérance», pensant plus à eux-mêmes qu'aux autres. Cette attitude n'est certainement pas conforme à l'enseignement des Écritures qui déclare:

Ne rien faire par rivalité ou par vaine gloire, mais humblement, chacun de vous estimant les autres plus que vous-même (Philippiens 2:3).

1) Donner une «poussée», peu importe qui est certainement pas une manifestation d'intérêt et de préoccupation, comme pour *encourager* l'aimer *et de bonnes œuvres* (Hébreux 10:24); mais c'est plutôt une démonstration de mépris et de harcèlement, et met surtout en évidence les soi-disant «sous-estimations» qui sont faites à l'égard de ce que font les autres.

2) Ceux qui se «poussaient» étaient deux frères, fils du même père et de la même mère. Dans ces "coups de pouce" qu'ils se donnaient, maintenant l'un maintenant l'autre, sans accuser l'un ni justifier l'autre, ils ont montré - du moins pour nous qui lisons - s'ignorer, comme si, en fait, ils avaient été deux "étrangers", deux "ennemis", plutôt que deux frères.

3) Enfin, «se pousser», comme pour dire: «Vous occupez ma place; vous êtes allé trop loin sur les positions des autres. Ne tenez pas compte pour moi que je suis "le patron"; vous m'ignorez comme si je n'étais pas "quelqu'un"»; ce n'est certainement pas une démonstration de «maturité spirituelle», mais plutôt une révélation d'un état de celui qui est encore dans l'utérus, et donc d'infantilisme, agissant de manière presque inconsciente, à sens unique, comme s'il n'y avait personne autre.

3. La naissance de Jacob et d'Ésaü

Bien que du point de vue du récit biblique de la naissance de ces deux fils d'Isaac, il est clairement dit que le premier qui a vu la lumière était Ésaü, nous les inversons dans l'ordre, comme si Jacob était né le premier, non ignorer le texte de la Genèse, mais seulement pour être cohérent avec le texte d'Hébreux 11:20, qui nomme Jacob en premier, puis Ésaü.

La naissance de ces deux frères, après une période de grossesse certainement malheureuse pour Rebecca, - due à "se pousser", dans son ventre - a certainement été une vraie surprise, non seulement pour sa mère et son père, mais probablement pour d'autres aussi. Nous ne croyons pas que la même mère, Rebecca, attendait un enfant d'apparence *rouge, et tout cela comme un manteau velu* (Genèse 25:25). Qui sait quels mots Rebecca a dû dire quand elle a vu son fils dans cet état! Elle ne pouvait pas penser à elle-même ou à son mari, car aucun d'eux ne ressemblait à cela pour justifier celui de leur fils, encore moins qu'il y avait quelqu'un dans leur famille qui avait ces caractéristiques. Cela aurait-il pu être l'apparition inattendue de son fils Ésaü, que Rebecca aimait Jacob plutôt qu'Esaü? Ou simplement parce que Jacob était un *homme calme, vivant dans des tentes* pendant qu'Ésaü *devenait un chasseur expert, un humain de la campagne?* (Genèse 25:27). Tout est probable au-delà de ce que l'Écriture spécifie clairement.

D'autre part, l'attitude de Jacob, qui *de sa main tenait le talon d'Esaü* - même s'il était dans un état d'inconscience et d'innocence -, en plus de laisser perplexe son père et sa mère, aura sûrement induit, en particulier les parents, se demander: pourquoi cela et qu'est-ce que cela signifie? Rebecca, à son tour, pourrait se demander: Lequel des deux fils sera le *peuple* le *plus fort que l'autre?* Ésaü, qui est né le premier, est sans aucun doute *l'aîné qui servira le plus jeune*. Depuis que les deux frères étaient dans le ventre de leur mère, se *poussant,* puis à la naissance, Jacob *tient* le *talon de son* frère *avec sa main*, il y a déjà une préfiguration précise, de ce qui sera, de l'attitude que les deux frères vont prendre une fois qu'ils grandissent. Même si nous lisons ces choses-là dans la Bible, il est encore énigmatique comment Jacob a pu, dans l'utérus, prendre les talons de son frère Esaü.

Chapitre 2

LA CONDITION DE JACOB ET D'ÉSAÜ

27 Les deux garçons grandirent. Esaü devint un habile chasseur, qui aimait courir les champs□; Jacob était d'un caractère paisible et préférait se tenir dans les tentes. 28 Isaac avait une préférence pour Esaü, car il appréciait le gibier, tandis que Rébecca préférait Jacob.

29 Un jour, Jacob était en train de préparer une soupe quand Esaü revint des champs, épuisé. 30 Il lui dit□: Laisse-moi manger de ce roux, de ce roux-là□! Car je n'en peux plus□! – D'où le nom Edom (le Roux) qu'on lui donna.

31 Mais Jacob lui dit□: Alors vends-moi aujourd'hui même ton droit de fils aîné.

32 Esaü répondit□: Je vais mourir de faim, que m'importe mon droit d'aînesse□?

33 Jacob insista□: Promets-le-moi tout de suite par serment□!

Esaü lui prêta serment et lui vendit ainsi son droit d'aînesse[a]. 34 Là-dessus, Jacob lui servit du pain et de la soupe de lentilles. Esaü mangea et but puis se leva et s'en alla. C'est ainsi qu'Esaü méprisa son droit d'aînesse. (Genèse 25: 27-34).

Esaü vend son droit de fils aîné à Jacob

L'histoire de la bénédiction de ces deux frères par leur père Isaac est racontée en détail dans le livre de la Genèse. Jacob, en personne habile qu'il est, - plus tard cependant il se révélera comme "un suppliant, un tricheur" - profite d'une situation particulière qui se présente, lorsque son frère Ésaü, venant *des champs tout fatigué*, et voyant que son frère Jacob avait cuisiné une *soupe rouge*, demande de lui donner ce plat. Ce à quoi Jacob répond *habilement* : Donne- *moi d'abord ton droit d'aînesse* (Genèse 25:31). Ésaü, sans réfléchir à deux fois, - et ici il manifeste une attitude négative et une évaluation de son droit d'aînesse - répond: et *je suis sur le point de mourir; à quoi sert le droit d'aînesse?* (Genèse 25:32). Avec ces mots, Ésaü «méprise son droit d'aînesse», et plus tard l'écrivain aux Hébreux, le classera comme un *profane* (Hébreux 12:16).

A ce stade, il est utile d'analyser les actions de Jacob et celle d'Ésaü, afin de mieux comprendre l'histoire et surtout de voir quelles réflexions nous pouvons faire. Tout d'abord, disons tout de suite, que profiter de toute situation de désavantage, à des fins égoïstes, n'est certainement pas recommandé et encore moins reflète l'esprit chrétien.

Il ne s'agit pas de mépriser l'activité d'Esaü en tant *que chasseur expert* et de louer la condition de *vie dans* les *tentes* de Jacob. Ce n'est pas le genre de «travail» que tout le monde fait que nous devons condamner ou louer; c'est plutôt l'attitude que l'on assume face à une situation particulière qui révèle ce que nous sommes. Se retrouver dans un état de "besoin matériel", comme ne rien avoir à manger - et la phrase d'Ésaü: *ici je vais mourir,* (je ne mourrai pas) se réfère facilement à une situation de besoin, au manque de nourriture -, cela ne devrait surprendre personne, car nous pouvons tous nous trouver dans n'importe quel besoin.

Si Ésaü était honnête et sincère en disant à Jacob qu'il était non seulement « *fatigué* mais aussi qu'il avait besoin de nourriture, Jacob n'était pas envers son frère Ésaü quand il *«lui a donné du pain et de la soupe aux lentilles* (Genèse 25:34) à une condition spécifique et avec un serment. Le soi-disant «chantage» n'est pas et ne sera jamais recommandé et digne d'éloges. Quiconque affirme sa condition de bien-être à l'égard de celui qui se trouve dans l'inconfort, n'agit pas par amour; il agit plutôt par son propre égoïsme. La Parole de Dieu nous enseigne que l'amour *est bon* (1 Corinthiens 13:4) et que toutes les actions d'aide et les œuvres de secours qui sont accomplies doivent être incitées et motivées par l'amour.

Si d'une part nous ne pouvons pas louer l'attitude égoïste et sans scrupules de Jacob, d'autre part, celle d'Esaü, nous ne pouvons pas louer, quand nous remarquons le sentiment de mépris, un droit et un privilège que personne n'aurait pu lui retirer. Les profanateurs, c'est-à-dire ceux qui ne tiennent pas compte d'un certain privilège, non seulement finissent par le considérer comme de peu de valeur, mais même ce faisant, ils montrent qu'ils ne pensent qu'aux choses présentes, ils n'ont pas de perception et de perspective pour la vie future, pour l'éternité. La phrase: *et il a mangé et bu; puis il s'est levé et est parti* (v. 14), décrit clairement quel était le but d'Ésaü. Pour eux, ce que Paul a dit peut-être appliqué avec raison:

Si nous espérons en Christ seulement dans cette vie - ou comme le dit Luzzi: *pour cette vie - nous sommes le plus misérable de tous les hommes* (1 Corinthiens 15:19).

Préparatifs pour la bénédiction

Les préparatifs de la bénédiction de Jacob et d'Ésaü sont décrits en détail. Isaac est maintenant vieux et aveugle, et en supposant que sa mort est proche, il appelle

Ésaü son fils aîné, et lui dit: mon fils! Il a dit: me voici! Puis Isaac dit: Voici, je suis vieux et je ne connais pas le jour de ma mort. Oh, maintenant prends tes armes, ton carquois et ton arc, va dans les champs et attrape du gibier pour moi; puis préparez-moi un plat savoureux du genre que j'aime, et apportez-le-moi, afin que je puisse le manger et que mon âme vous bénisse avant de mourir (Genèse 27:1-4).

L'ordre ainsi donné est accepté par Ésaü qui, sans perdre de temps, se rend aux champs pour procurer du gibier à son père, en vue de recevoir sa bénédiction. Mais pendant qu'Isaac parle à son fils bien-aimé Esaü, il y a Rebecca qui écoute tout ce que son mari dit. Cependant, puisque pour Rebecca, le fils préféré de Jacob est, elle ne perd pas de temps à l'informer de la volonté de son père concernant la bénédiction qu'il veut donner à son frère Ésaü. Cet état de «prédilection», le père pour Ésaü et la mère pour Jacob, n'est certainement pas un signe et une preuve de maturité et d '«impartialité». Les parents doivent être très prudents lorsqu'ils s'occupent de leurs enfants; éviter, d'une manière ferme et décisive, les partialités, source et cause de querelles et de rancœur sans fin.

Jacob, dans un premier temps, s'oppose à l'ordre de sa mère, voyant clairement les risques auxquels il est confronté, à la fois pour la découverte de mensonges que le père pourrait faire et ensuite surtout en pensant qu'au lieu de recevoir «une bénédiction», il obtiendrait une «malédiction». Pourtant, il finit par accepter sa mère quand elle lui assure: *cette malédiction tombe sur moi, mon fils!* (Genèse 27:13).

Le conseil détaillé que la mère Rebecca donne à son fils Jacob, pour recevoir la bénédiction, semblerait à première vue, que toutes les tromperies et tromperies dont Jacob était coupable doivent «toutes» peser sur sa responsabilité. Mais si nous pesons et évaluons soigneusement la «force» de persuasion de Rebecca sur son fils Jacob, il est plus honnête et juste de blâmer Rebecca pour cela. S'il faut être objectif et cohérent, on ne peut s'empêcher de constater que toute l'intrigue de tricherie et de tromperie, l'architecte Rebecca, même si cette dernière, probablement, n'a pas mis en bouche les mots que Jacob a dit à son père Isaac.

L'attitude des mères envers leurs enfants

Les mères doivent être très prudentes lorsqu'elles exercent leur force de persuasion sur leurs enfants! Un mauvais conseil ou ordre, donné aux enfants, pourrait causer dans leur vie une «peine» et une «amertume» d'une ampleur incalculable. Or ici, on ne veut pas insinuer «un état de vigilance» de la part des enfants, autour de ce que leur dit leur mère, pour rejeter tout ce qui leur est dit au départ et dans son ensemble. Au-dessus des diverses faiblesses qu'une mère pourrait avoir envers ses enfants, en leur donnant quelques conseils et un mauvais ordre, il est toujours à souligner que chaque mère - sauf quelqu'un qui sort des semailles - pense au bien. de leurs enfants.

Lorsque les enfants atteignent l'âge de la majorité, les mères doivent mesurer leurs paroles en matière de conseils et d'ordres, et se souvenir toujours que la pression sur leur vie peut signifier les inciter à faire de mauvais choix, avec des conséquences catastrophiques et incalculables. Rebecca, afin d'utiliser son pouvoir de persuasion dans la vie de son fils Jacob, a fini par lui causer non seulement un gros problème, mais aussi être responsable des nombreuses années - vingt pour être exact - que son fils préféré était loin de chez lui. . Tout ce qui s'est passé dans la vie de Jacob, son départ de la maison de son père, les nombreuses vicissitudes qu'il a rencontrées, étaient une conséquence directe des conseils et des ordres que Rebecca a donnés, et de la force de persuasion qu'elle a exercée dans la vie de son fils Jacob.

La responsabilité de Jacob

Si nous parlions un peu de la responsabilité de Rebecca, nous ne l'avons pas fait pour ignorer celle de Jacob. En fait, ci-dessous, nous allons non seulement essayer de l'examiner, pour mieux évaluer la responsabilité de cet homme, mais surtout nous la considérerons comme une application correcte pour notre vie.

Jacob est allé dans le *troupeau* chercher *deux beaux enfants*, afin que sa mère les prépare comme Isaac l'aimait, et *portant* les vêtements de son frère Ésaü, il se rend chez son père avec le *plat savoureux à la main*, et dit: lui:

Mon père! Isaac a répondu: me voici; Qui es-tu, mon fils? Alors Jacob dit à son père: Je suis Esaü, ton premier-né. J'ai fait ce que vous m'avez dit (Genèse 27: 18-19).

A partir de ce moment, non seulement une série de mensonges commence, mais ce que nous appelons «la responsabilité de Jacob» entre dans sa phase complète. À ce stade, on pourrait se demander: un petit mensonge pourrait-il constituer une menace sérieuse pour l'intégrité d'une personne? Sans aucune hésitation, nous répondons, oui! Nous disons cela non seulement du point de vue d'une conscience chrétienne, mais surtout de la parole de l'Écriture: *un abîme appelle un autre abîme* (Psaume 42: 7). Un mensonge en appelle donc un autre, au point de provoquer une véritable avalanche. Voici la preuve.

Jacob n'était pas Ésaü, à la fois en tant que personne et aussi en tant que personnage; mais en ce jour mémorable, il a dû mentir à son père, qui a demandé: qui *es-tu, mon fils?* On pourrait se demander si Jacob était déjà préparé à ce genre de questions précises de la part de son père. Il est inutile de supposer que Rebecca est préparée pour son fils, comment elle répondra à n'importe quelle question. Jacob n'est pas un petit garçon, qui peut être traîné çà et là sans savoir ce qu'il fait; c'est un homme qui a plus de quarante ans et, compte tenu de son âge, il est entièrement responsable de ce qu'il dit.

Le mensonge est à lui, tout comme la parole et la bouche d'où il sort. Dans d'autres circonstances, Jacob n'aurait jamais dit qu'il était Ésaü, également parce qu'il était bien conscient que son frère n'avait pas le même caractère que le sien, indépendamment du fait qu'il était "poilu". Mais ce jour-là, comme si tout allait bien, il déclara pour la première fois qu'il était Ésaü, et cela devant son père.

Ce premier mensonge l'a amené à dire à un autre: *j'ai fait ce que tu m'as dit.* Tout d'abord, Isaac n'a pas parlé à Jacob, mais à Ésaü. Jacob n'avait pas écouté la voix de son père, il avait plutôt écouté celle de sa mère, qui lui avait fait savoir ce qu'Isaac avait dit à Ésaü. Mais ici, Jacob, non seulement se déguise pour Ésaü, mais se présente même comme un fils obéissant qui fait exactement ce que son père a dit. Pour le vieux père aveugle, il ne semble pas que tout se passe bien, même s'il a entendu dire que son fils Ésaü - du moins il le croyait - est déjà devant lui avec un bon plat savoureux.

Comment en avez-vous trouvé si tôt, mon fils? Il répondit, parce que le Seigneur votre Dieu me l'a amenée (Genèse 27:20).

Cet autre mensonge que Jacob prononce - peut-être ne s'attendait-il pas à une telle question de la part de son père

- n'est pas simplement «un autre mensonge», c'est celui qui remet l'Éternel en question. Dire le nom de Dieu, faire croire aux gens que le mensonge est la vérité, est extrêmement nuisible à l'intégrité de l'âme. Dieu ordonne à son peuple de

N'utilisez pas le nom du Seigneur en vain, car le Seigneur ne laissera pas impunis ceux qui utilisent son nom en vain (Exode 20: 7).

De son côté, Paolo avertit:

Quiconque nomme le nom du Seigneur doit se retirer de l'iniquité (2 Timothée 2:19).

À ce stade, Isaac, incapable de se servir de ses yeux, parce qu'il est aveugle, pour vérifier si la personne qui est en face de lui est vraiment son fils Ésaü, dit:

Approche-toi et laisse-moi te toucher, mon fils, pour savoir si tu es vraiment mon fils Ésaü ou pas.

Jacob s'approcha donc de son père Isaac; et, comme il l'avait touché, il dit:

La voix est celle de Jacob, mais les mains appartiennent à Ésaü. Elle ne le reconnut donc pas, parce que ses mains étaient velues comme celles de son frère Ésaü; et l'a béni. Et il a dit: Es-tu vraiment mon fils Ésaü? Il a répondu: oui (Genèse 27: 21-24).

Face à la claire manifestation d'incertitude que manifeste le vieux père, surtout quand il dit: *la voix appartient à Jacob*, puis quand il demande - peut-être avec un accent particulier - *Es-tu vraiment mon fils Esaü?* Jacob aurait dû trembler et cesser de persister dans le mensonge. Mais maintenant, le cœur est endurci, il ne ressent plus les battements de cœur bouleversés, et d'une voix ferme, il dit: " *Oui* ". Ici se termine l'histoire des préparatifs de la bénédiction.

Face à cette histoire de Jacob, qui parle avec éloquence de la persistance tenace du mensonge, au point d'utiliser le nom de l'Éternel, il ne faut pas seulement réfléchir sérieusement, mais surtout trembler, car si un homme comme Isaac pouvait être trompé, ne pensez pas pouvoir tromper Dieu.

Ne vous y trompez pas, on ne peut se moquer de Dieu, parce que ce que l'homme sème, il le moissonnera aussi (Galates 6: 7).

1. LA BÉNÉDICTION DONNÉE PAR ISACC À JACOB ET ÉSAÜ

Après la triste réalisation que nous avons faite de la persistance mensongère de Jacob, nous arrivons au moment où cet homme est béni. La bénédiction qu'il reçoit d'Isaac n'est certainement pas le fruit de ses «mérites», mais la manifestation de la «miséricorde de Dieu». L'homme ne reçoit jamais aucune bénédiction de la main de Dieu, basée sur ses propres mérites, mais toujours sur la base de la bonté de Dieu. L'Écriture est claire à ce sujet lorsqu'elle déclare:

Il (le Seigneur) *ne nous traite pas comme nos péchés le méritent et ne nous châtie pas pour nos péchés* (Psaume 103: 10).

Une autre Écriture dit:

Mais après tout ce qui nous est arrivé à cause de nos mauvaises actions et de nos grands péchés, car vous, ô notre Dieu, vous nous avez punis moins que nos péchés ne le méritaient et nous avez laissé un résidu comme celui-ci (Ez 9:13).

Et encore une fois, nous lisons:

S'adressant au peuple, il dira: J'ai péché et violé la justice, et je n'ai pas été puni comme je le méritais (Job 33:27).

Enfin, nous lisons:

Il (le Seigneur) *ne nous a pas sauvés par les œuvres justes que nous avions faites, mais selon sa miséricorde ...* (Tite 3:5).

Voici le moment où Jacob reçoit la bénédiction. Après qu'Isaac ait mangé, bu et senti les vêtements que Jacob portait, il a dit:

Voici, l'odeur de mon fils est comme l'odeur d'un champ que le Seigneur a béni. Dieu vous donne la rosée des cieux et la fertilité de la terre et une abondance de blé et de vin. Les peuples vous servent et les nations se prosternent devant vous. Soyez maître de vos frères et les enfants de votre mère, inclinez-vous devant vous. Maudit soit celui qui vous maudit, béni soit celui qui vous bénisse! (Genèse 27:27-29).

La bénédiction qu'Isaac prononça - dans son intention c'était pour Ésaü, mais, en fait, elle revint à Jacob - ne reflétait pas le désir et la volonté du père, - comme cela pourrait sembler d'un point de vue humain -, au contraire reflétait exactement ce que Dieu avait déjà prédit, depuis que les deux frères étaient dans le ventre de leur mère. Cet homme ne peut rien changer que l'Éternel a établi dans Son plan, apparaît clairement, non seulement à partir de ce récit, mais aussi à partir d'autres textes de la Bible, tels que:

Je reconnais que vous pouvez tout faire et qu'aucun de vos projets ne peut être entravé (Job 42:2).

D'un autre côté, réconcilier la prescience de Dieu avec ce que fait l'homme - et ce que fait l'être humain n'est jamais suffisant pour gagner les faveurs de Dieu - n'est certainement pas toujours facile, surtout face à un comportement négatif, comme celui de Jacob. Que nous comprenions ou non la prescience de Dieu, la vérité demeure toujours que Dieu traite l'homme, non pas selon ce qu'il mérite, mais selon sa miséricorde et sa bonté.

2. LA RÉACTION D'ESAU ENVERS SON FRÈRE JACOB POUR LA BÉNÉDICTION REÇUE PAR ISACCH, SON PÈRE

Alors qu'Isaac finit de bénir Jacob, et que Jacob vient de quitter sa présence, voici Ésaü, revenant de la chasse, et, ayant soigné le gibier qu'il avait attrapé, il se présente devant son père pour recevoir sa bénédiction. Isaac fut très étonné lorsqu'il apprit que Jacob, agissant de manière trompeuse, avait pris la bénédiction de son fils Esaü. Ésaü, pour sa part, n'ayant pas le moindre soupçon que son frère ait agi de manière trompeuse pour prendre sa bénédiction, réagit par *un cri fort et amer, en* disant à son père: *bénis-moi aussi, mon père!* Il a dû prendre note avec regret que c'était

Déjà supplanté deux fois; il a enlevé mon droit d'aînesse et voici maintenant ma bénédiction a été prise (Genèse 27:36).

Insistant pour que son père le bénisse aussi, Isaac prononce les paroles suivantes:

Voici, votre demeure sera privée de la fertilité de la terre et de la rosée qui descend des hauteurs du ciel. Vous vivrez de votre épée et vous serez le serviteur de votre frère; mais il arrivera que lorsque vous vous battez, vous briserez son joug de votre cou (Genèse 27: 39-40).

Ce qui suit immédiatement suit:

Alors Ésaü commença à haïr Jacob à cause de la bénédiction que lui avait donnée son père, et il dit dans son cœur: les jours de deuil pour mon père approchent; alors je tuerai mon frère Jacob (v. 41).

Nous ne pouvons pas justifier la tromperie et la tromperie de Jacob contre Ésaü - il restera avec ce nom, jusqu'au jour où il sera changé en Israël (Genèse 32:28) - mais nous ne pouvons pas non plus passer sous silence et justifier la haine. d'Esaü à Jacob. Même si Jacob devait s'éloigner de ses parents, prendre le chemin de Paddan-Aram, donc aussi loin de son frère Ésaü, pendant vingt ans, non pour cette haine de ce dernier, ne quitta pas son cœur.

Souvent, nous sommes stupéfaits, pour ne pas dire scandalisés, de voir comment l'homme peut garder la haine envers quelqu'un dans son cœur et pendant tant d'années. Quelles que soient les «raisons» qui provoquent la haine, l'enseignement de l'Écriture reste toujours le même, avec la même fermeté et la même précision:

Quiconque dit qu'il est dans la lumière et déteste son frère est toujours dans les ténèbres. Mais quiconque hait son frère est dans les ténèbres, marche dans les ténèbres et ne sait pas où il va, parce que les ténèbres ont aveuglé ses yeux» (1 Jean 2:9,11).

De là, nous reconnaissons les enfants de Dieu et les enfants du diable: quiconque ne pratique pas la justice n'est pas de Dieu, et celui qui n'aime pas son frère non plus (1 Jean 3:10).

Et encore:

Quiconque hait son frère est un meurtrier; et vous savez qu'aucun meurtrier n'a la vie éternelle demeurant en lui (1 Jean 3:15):

Pour terminer:

Si quelqu'un dit: j'aime Dieu et je déteste mon frère, c'est un menteur; qui n'aime pas, en effet, son frère qui voit, comment peut-il aimer Dieu qui ne voit pas? (1 Jean 4:20).

On dit souvent que le passage des années conduit l'homme à réfléchir, à repenser. Cependant, il n'en était pas ainsi pour Ésaü. Bien que vingt ans se soient écoulés, pendant lesquels Ésaü n'avait pas revu Jacob, ce que nous lisons dans le livre de la Genèse était non seulement bouleversant et troublant pour Jacob, mais aussi dérangeant pour toute âme sensible.

Chapitre 3

DÉPART DE JACOB POUR PADDAN-ARAM

01 Isaac appela Jacob, le bénit et lui donna cet ordre: «Tu n'épouseras pas une fille de Canaan.

02 Lève-toi, va dans la région de Paddane-Aram, à la maison de Betouël, le père de ta mère, et là tu prendras pour femme l'une des filles de Laban, le frère de ta mère.

03 Que le Dieu-Puissant te bénisse, qu'il te fasse fructifier et te multiplier, et que tu deviennes ainsi une assemblée de peuples,

04 qu'il te donne la bénédiction d'Abraham, à toi et à ta descendance, pour que tu possèdes la terre où tu es venu en immigré, la terre que Dieu a donnée à Abraham!»

05 Ainsi, Isaac envoya Jacob et celui-ci partit pour la région de Paddane-Aram, chez Laban, fils de Betouël l'Araméen, frère de Rébecca, la mère de Jacob et d'Ésaü. (Genèse 28:1-5).

La situation était devenue très difficile pour Jacob, en raison de la bénédiction qu'il avait reçue de son père Isaac, même si la même qu'il avait obtenue par tromperie. Ésaü, son frère qui, selon la logique humaine et selon le droit d'aînesse qu'il avait, s'est senti trompé par son frère Jacob. Cependant, pour la vérité, il faut se rappeler qu'Ésaü avait déjà fait serment avec son frère, de lui vendre le droit de son droit d'aînesse, avant que Jacob ne lui ait donné la soupe aux lentilles qu'il avait cuisinée.

Ésaü, ne gardant pas à l'esprit ce qu'il avait fait auparavant, quand il se rendit compte que la bénédiction paternelle à laquelle il avait droit en vertu du droit d'aînesse était allée à son frère Jacob, au lieu de reconnaître l'erreur qu'il avait commise et de la regretter, il alluma colère envers son frère et a commencé à le haïr. Le texte sacré précise:

Alors Ésaü commença à haïr Jacob à cause de la bénédiction que lui avait donnée son père, et il dit dans son cœur: «Les jours de deuil pour mon père approchent; alors je tuerai mon frère Jacob » (Genèse 27:1).

On ne sait pas qui a dit à Rebecca les paroles et le but qu'Ésaü avait conçu pour son frère Jacob. Le texte sacré déclare avec certitude que, à Rebecca, *les paroles d'Ésaü lui* étaient *liées* (Genèse 27:42). Il n'est pas possible de penser que c'est Ésaü qui lui a dit cela - même s'il ne savait pas que sa mère était celle qui avait conçu et orchestré tout le complot pour que Jacob reçoive la bénédiction de son père - ou même qu'il avait dit à son père. Le texte que nous avons rapporté au début nie catégoriquement qu'Isaac, quand il a *ordonné à* son fils Jacob d'aller à Paddan-aram, se référait à la menace d'Ésaü, mais explicitement à l'interdiction de se *marier parmi les femmes de Canaan*.

Une leçon à prendre

Face à ce détail précis que nous fournit le récit biblique, il y a un enseignement précis à retenir, c'est-à-dire: *les choses qui sont dites dans l'occulte finiront inévitablement par être connues.*

Ce qui donne le plus de poids à cette déclaration est sans aucun doute la parole de Jésus:

Ne les craignez donc pas, car il n'y a rien de caché qui ne devrait pas être révélé et rien de secret qui ne devrait pas être connu (Matthieu 10:26; voir aussi Luc 12:2).

Si vous ne voulez «rien savoir», vous devez également apprendre à ne «rien dire». Ce ne sont certainement pas les bonnes choses qui se disent en secret; les mauvais sont, c'est-à-dire ceux qui visent à causer des dommages et des délits, la calomnie, la diffamation et toutes sortes de mécontentement.

Croire que les choses dites dans l'occultisme resteront secrètes à jamais et que personne ne le saura jamais est une pure illusion. Ce proverbial dicton qui dit: «Les murs n'ont pas d'oreilles et n'entendent», souligne que les anciens qui les prononçaient croyaient qu'il n'y avait rien qui reste caché, même si ces gens n'avaient pas la lumière de la connaissance de la Parole de Dieu. Quand, d'un autre côté, nous avons la connaissance de la Parole de Dieu, et nous la croyons comme une parole infaillible, non seulement les choses sont très différentes, mais aussi les «attitudes» qu'ils supposent sont différentes.

Qui aurait pensé que le roi d'Israël aurait été au courant des plans de guerre stratégiques que le dirigeant de la Syrie a conçus avec ses serviteurs, envers le peuple d'Israël, puisque ceux-ci étaient secrets? Pourtant, on sait que le roi d'Israël a été averti à temps, de rendre ces plans inutiles. Face à la preuve que le roi d'Israël connaissait ces plans de guerre à temps, il n'y avait aucun doute dans l'esprit du dirigeant de Syrie que certains de ses serviteurs avaient espionné pour informer le roi ennemi de tout.

Très troublé dans son cœur par cette chose, le roi de Syrie convoqua ses serviteurs et leur dit: "Ne pouvez-vous pas me dire lequel de notre peuple est du côté du roi d'Israël?"

Un de ses serviteurs répondit: «Personne, ô roi mon seigneur, mais Élisée, le prophète qui est en Israël, ne fait même connaître au chef d'Israël les paroles que vous dites dans la chambre» (2R 6:11-12). .

Que Dieu incite le prophète Élisée à l'avertir du danger qui menace le roi et le peuple d'Israël, ou qu'Il inspire l'un des prophètes prenant la parole dans les réunions publiques de l'église corinthienne *pour révéler les secrets du cœur* (1 Corinthiens 14:25), tout est en parfaite harmonie ce qui confirme que, *il n'y a rien de caché qui ne devrait pas être révélé et rien de secret qui ne devrait pas être connu.*

Les prédictions de Rebecca

De retour à Rebecca en essayant de protéger la vie de son fils bien-aimé Jacob, elle lui présente non seulement le mal que son frère Ésaü a conçu pour le tuer, mais lui donne également des conseils pour le protéger:

«Maintenant, mon fils, obéis à ce que je te dis: levez-vous et fuyez à Haran de Laban mon frère;

Et reste avec lui pendant un moment, jusqu'à ce que la colère de ton frère disparaisse,

Jusqu'à ce que la colère de votre frère soit détournée de vous et qu'il oublie ce que vous lui avez fait; alors je vous enverrai chercher à partir de là. Pourquoi serais-je privé de vous deux en un jour? " (Genèse 27: 43-45).

Devant ces mots précis, Rebecca pensa que Jacob aurait dû rester loin d'elle, juste *un peu de temps*, (peut-être peu de temps) ne sachant cependant pas que plus de vingt ans devraient s'écouler; que la colère d'Esaü passerait et qu'il «oublierait» tout le mal reçu. Cette prédiction que Rebecca a faite à Jacob était sans aucun doute une révélation claire du fait qu'elle aimait sa bien-aimée. Elle ne savait pas, cependant, que les choses qu'elle prévoyait ne se produiraient pas, car Esaü n'oublierait pas le mal qu'il a reçu et sa colère et sa colère ne seraient pas non plus détournées de son esprit et de son cœur.

Tous les sentiments de haine, de colère et de vengeance, ne seront jamais déracinés de l'esprit et du cœur de l'homme (même s'ils passent de nombreuses années), à moins qu'il n'intervienne Dieu qui, par la puissance de sa grâce, change le cœur du pécheur ment. Pour une personne invétérée dans sa rancune et sa haine, qui a surtout soif de vengeance, les années qui passeront - même si elles seront nombreuses - ne produiront «aucun changement». Alors que, d'un autre côté, si le Seigneur Jésus intervient dans la vie d'une personne qui a des pensées similaires, et prend possession de son existence, alors le miracle de la «transformation» aura certainement et radicalement lieu. Et quand cela se produit, ce que dit l'Écriture se réalise:

Si quelqu'un est en Christ, c'est une nouvelle créature; les choses anciennes sont passées; voici, toutes choses sont devenues nouvelles (2 Corinthiens 5:17).

Rebecca croyait non seulement que son fils Jacob, une fois échappé à Haran, par son frère Laban, serait mis en sécurité, mais elle croyait aussi qu'elle-même, à travers ses messagers, le ferait revenir vers elle. Cependant, en examinant l'histoire de la vie de Jacob, telle que la Genèse nous le raconte, le retour de Jacob à Canaan ne s'est pas produit par l'intervention directe de Rebecca et son intérêt, mais par une promesse et une révélation précise de Dieu (cf. 28:15; 31:3).

Chapitre 4

LE RÊVE DE JACOB À BETHEL

Mintenant Jacob quitta Beer Sheva et alla à Haran.

Il est venu à un certain endroit et y a passé la nuit, car le soleil était déjà couché. Puis il prit une des pierres locales, la plaça sous sa tête et s'y coucha.

Et il rêvait de voir une échelle posée sur le sol, dont le sommet touchait le ciel; et voici, les anges de Dieu montaient et descendaient dessus.

Et voici, le Seigneur se tenait au-dessus et lui dit: «Je suis le Seigneur, le Dieu d'Abraham votre père et le Dieu d'Isaac; je vous donnerai, à vous et à vos descendants, la terre sur laquelle vous vous couchez;

Et ta progéniture sera comme la poussière de la terre, et tu t'étendras à l'ouest et à l'est, au nord et au sud; et toutes les familles de la terre seront bénies en vous et dans votre progéniture.

Et voici, je suis avec vous et je vous protégerai partout où vous irez, et vous ramènerai dans ce pays; puisque je ne vous abandonnerai pas avant d'avoir fait ce que je vous ai dit ».

Alors Jacob se réveilla de son sommeil et dit: "Certes, le Seigneur est ici, et je ne le savais pas."

Et il a eu peur et a dit: «Comme cet endroit est horrible! Ce n'est autre que la maison de DIEU et c'est la porte du ciel! ».

Jacob se leva donc tôt, prit la pierre qu'il avait placée sous sa tête et la dressa comme un pilier et versa de l'huile sur son sommet.

Et il a appelé cet endroit Béthel, alors qu'avant le nom de la ville était Luz.

Alors Jacob fit un vœu en disant: "Si Dieu est avec moi et me protège pendant ce voyage que je fais, s'Il me donne du pain à manger et des vêtements pour me couvrir,

Et je retournerai dans la maison de mon père en paix, alors le Seigneur sera mon Dieu;

Et cette pierre que j'ai érigée en stèle sera la maison de Dieu; et de tout ce que vous me donnez, je vous donnerai une dîme» (Genèse 28:10-22).

L'histoire du rêve que Jacob avait eu cette nuit mémorable n'était pas seulement pour lui comme un phare lumineux qui l'éclairerait sur le chemin de sa vie, avec une promesse divine si personnalisée qu'elle lui apporterait sécurité et tranquillité. C'est aussi pour nous, pour chaque croyant sincère, qui vit à des époques différentes de celles où Jacob a vécu, une lampe lumineuse qui brille sur notre chemin. Surtout, dans les moments les plus sombres et les plus critiques du chemin, lorsque nous rencontrons diverses difficultés et que les choses ne vont pas dans le bon sens comme nous voudrions qu'elles aillent, cette promesse est capable de nous communiquer des certitudes, surtout lorsque nous comptons sur la Parole de Dieu.

Cependant, avant de faire toute spiritualisation de ce passage biblique, il faut le souligner. 1) le voyage de Jacob et sa destination; 2) L'avenir de Jacob en ce qui concerne ce qu'il devrait rencontrer, dont il n'a aucune idée et 3) l'intervention de Dieu pour protéger Jacob de toutes les vicissitudes qu'il rencontrerait au cours de ses longues années. Avec une telle perspective devant nous, non seulement nous serons mieux à même de comprendre cet ancien patriarche, mais il sera également plus facile de spiritualiser le passage en question, d'en saisir la valeur et la portée au niveau de l'expérience quotidienne personnelle.

1) Le voyage de Jacob et sa destination

Rebecca d'abord, puis son mari Isaac avaient clairement dit à leur fils Jacob qu'il devait quitter leur maison pour se rendre à Paddan-Aram, dans la maison de Bethel, la maison de Rebecca. Bien que la mère ait donné les raisons du danger de mort qui planait sur la vie de Jacob et que le père avait *ordonné de* ne pas prendre l'une des femmes de Canaan comme épouse, tous deux avaient indiqué une destination précise que leur fils aurait dû atteindre. C'est-à-dire Paddan-Aram. Toute autre destination sur laquelle Jacob aurait pu s'appuyer - à supposer qu'il l'ait fait - ne refléterait pas la volonté de ses parents.

De plus, ce qu'il est le plus important de garder à l'esprit est le fait qu'Isaac, en envoyant son fils à Paddan-aram, invoquait une bénédiction particulière du Dieu Tout-Puissant.

Que Dieu tout-puissant vous bénisse, vous rende féconds et multipliez-vous, afin que vous deveniez une assemblée de peuples,

Et donnez-vous la bénédiction d'Abraham, à vous et à votre progéniture avec vous, afin que vous possédiez le pays où vous vivez comme étranger et que Dieu a donné à Abraham (Genèse 28:3-4).

Il apparaît donc clairement que le souhait d'Isaac d'une bénédiction particulière sur la vie de Jacob auprès de Dieu Tout-Puissant concernait essentiellement son mariage avec l'une des filles de Laban, son beau-frère. Depuis que Laban vivait à Paddan-aram, toutes les autres destinations que le fils aurait pu atteindre non seulement ne respectaient pas l'ordre du père, mais ne s'alignaient pas non plus sur la bénédiction que Jacob recevrait, c'est-à-dire la bénédiction d'Abraham concernant sa vie et celle de ses descendants.

Puisque la bénédiction d'Abraham était basée sur la promesse que Dieu lui avait faite, une promesse qui ne concernait pas seulement Abraham, mais qui incluait également ses descendants (et Jacob était sa postérité légitime), il s'ensuit qu'Isaac, en invoquant cette bénédiction sur la vie de son fils Jacob, il a prononcé une prophétie qui concernait également son avenir.

En conclusion, on peut dire que le voyage de Jacob, avec destination Paddan-Aram, ne représente pas seulement l'accomplissement de la volonté de son père Isaac, il représente également une indication claire des plans et de la volonté de Dieu, qui concerne le passé, le présent et l'avenir de la vie de Jacob.

La première chose que Dieu fait en parlant à Jacob n'est pas seulement de se faire connaître comme le Dieu d'Abraham et de son père Isaac, mais il lui fait également une promesse définitive concernant le terrain sur lequel il repose.

Je vous donnerai à vous et à vos descendants la terre sur laquelle vous vous couchez,

Et ta progéniture sera comme la poussière de la terre, et tu t'étendras à l'ouest et à l'est, au nord et au sud; et toutes les familles de la terre seront bénies en vous et dans votre progéniture (Genèse 28:13-14).

La promesse d'hériter de la terre sur laquelle repose le patriarche ne concerne pas uniquement la personne de Jacob, mais inclut également ses descendants, que Dieu compare à la *poussière de la terre*, non pas pour signifier le peu de valeur qu'il a, mais plutôt pour parler sur l'abondance de cette progéniture. Que Jacob s'étende alors dans toutes les directions: Ouest, Est, Nord et Sud, signifie que le patriarche serait allé dans toutes les régions, tout au long de sa vie, au cours de ses diverses pérégrinations. Que les expériences de Jacob pendant les années de son pèlerinage aient laissé des traces indélébiles dans sa vie, et qu'à certains égards elles lui ont ouvert de nouveaux horizons, c'est un fait certain, d'après ce que dit le récit de la Genèse.

2) L'avenir de Jacob en ce qui concerne ce qu'il aurait dû rencontrer, dont il n'a aucune idée

Que le souhait d'Isaac pour son fils Jacob au moment de son départ pour Paddan-aram soit en harmonie avec les plans et les volontés divins, cela ressort clairement du message de Dieu à Jacob à Béthel en cette nuit mémorable, dans lequel dans son rêve il a vu cette échelle *posée sur la terre, et dont le sommet touchait le ciel.*

«Je suis le Seigneur, le Dieu d'Abraham votre père et le Dieu d'Isaac; la terre sur laquelle vous vous couchez, je vous la donnerai ainsi qu'à vos descendants;

Et ta progéniture sera comme la poussière de la terre, et tu t'étendras à l'ouest et à l'est, au nord et au sud; et toutes les familles du globe seront bénies en vous et dans votre progéniture.

Et voici, je suis avec vous et je vous protégerai partout où vous irez, et vous ramènerai dans ce pays; car je ne vous abandonnerai pas avant d'avoir fait ce que je vous ai dit » (Genèse 28:13-15).

Face aux spécifications précises et personnelles que Dieu fait en parlant avec Jacob, il y a tous les éléments démonstratifs, non seulement pour ce qui concerne le mariage et les descendants du patriarche, mais aussi les différentes difficultés qu'il rencontrera au cours de son voyage. Le mot «Je te *protégerai* » suffit à lui seul pour nous faire comprendre que l'avenir de Jacob sera plein de dangers pour sa vie, y compris la menace de mort que son frère Ésaü a conçu le jour où il a reçu la bénédiction de son père.

Si alors les mots *sont* soulignés: *je suis avec vous, où que vous alliez, je ne vous abandonnerai pas, avant d'avoir fait ce que je vous ai dit*, vous pouvez saisir pleinement la portée et l'importance de cette merveilleuse promesse divine.

Puisque le message est personnel, c'est-à-dire qu'il concerne la vie présente et future de Jacob, il fallait que Dieu lui donne une certaine garantie, lui insuffle des certitudes dans l'esprit et le cœur, sans la limiter à une période définitive, mais en la prolongeant jusqu'à Lui, l'Éternel, Il accomplirait Sa parole.

3) L'intervention de Dieu pour protéger Jacob de toutes les vicissitudes qu'il rencontrerait au cours de ses longues années

Les paroles adressées à Jacob à Béthel n'étaient pas celles de son père ou d'un autre homme, mais plutôt celles de Dieu. C'est lui qui s'est engagé, avec une promesse précise, à garantir son intervention en sa faveur. Il n'y avait donc pas lieu de s'inquiéter si l'avenir ne paraissait pas rose, en ce sens que tout se passerait bien, sans difficultés ni vicissitudes. Face à l'assurance précise que l'Éternel lui-même donne à Jacob en étant avec lui, le patriarche ne doit croire que ce que Dieu lui a dit, sans avoir à expliquer l'évolution des événements.

Un dernier élément de la manifestation de Dieu en faveur de Jacob consiste à signaler qu'elle s'est produite au début de son voyage. Selon notre humble façon de voir et de comprendre les choses, nous croyons que ce n'est pas un simple accident que Dieu a parlé à Jacob au début de son voyage. Si nous considérons attentivement ce que dit le texte sacré, nous pourrons mieux comprendre et apprécier une telle intervention.

Maintenant Jacob quitta Beer Sheva et se rendit à Aran.

Il est venu à un certain endroit et y a passé la nuit, parce que le soleil était déjà couché (Genèse 28:10-11).

À quelle heure de la journée Jacob a-t-il quitté Beer Sheva pour Aran, on ne nous le dit pas. Nous ne pouvons pas non plus préciser le temps qu'il a fallu pour se rendre à Béthel. Ce qui peut être dit avec certitude, c'est que lorsque Jacob est arrivé à Béthel, le *soleil était déjà couché*. Cela signifie qu'il a marché un jour, pour couvrir la distance entre Beer Sheva et Béthel, qui s'élevait à quarante milles. Par conséquent, on peut dire à juste titre qu'avant que Jacob ne commence un deuxième jour de marche, l'Éternel lui a parlé. Dieu qui connaissait l'avenir de la vie de Jacob, avant que les premières difficultés ne surviennent, voulait lui assurer que dans le voyage qu'il avait entrepris, il ne devait pas se considérer seul, car il avait promis d'être avec lui: *je suis avec vous.*

Si Dieu utilisait le temps du verbe être dans le futur, «*je serais*», cela revenait à lui dire que ce premier jour de son voyage, il marchait seul. Puisque Dieu savait le long voyage que Jacob aurait à affronter pour atteindre la maison de Laban, il voulait lui assurer, dès le premier jour, qu'il aurait une compagnie divine avec lui, non seulement pour ce premier jour qui était passé, mais aussi pour eux qu'ils le seraient plus tard.

Même le vœu de Jacob au Seigneur à cette occasion ne doit pas être interprété comme une remise en question de la promesse de Dieu.

«Si Dieu est avec moi et me protège pendant ce voyage que je fais, s'Il me donne du pain à manger et des vêtements pour me couvrir,

Et je retournerai dans la maison de mon père en paix, alors le Seigneur sera mon Dieu;

Et cette pierre que j'ai érigée en stèle sera la maison de Dieu; et de tout ce que vous me donnez, je vous donnerai une dîme » (Genèse 28:20-22).

Le vœu de Jacob doit être interprété comme un engagement solennel qu'il prend devant Dieu, comme une réponse à sa fidélité. D'abord Abraham, qui a donné la dîme à Melchisédech, sans que cela lui soit demandé (Genèse 14:20), puis Jacob, sans encore une norme divine à cet effet, se sont sentis spontanément et dans leur totale liberté de donner et de promettre la dîme. Plus tard, Dieu lui-même établira des règles spécifiques régissant le paiement de la dîme. Sans que les deux patriarches s'en rendent compte, ils se sont déplacés au niveau de la volonté de Dieu, en parfaite harmonie avec ce qu'Il aurait établi au temps de Moïse.

Les interventions de Dieu en faveur de Jacob, au cours des différentes épreuves qu'il rencontrera au cours de ses longues années, seront les prochains chapitres pour les décrire en détail.

4. La signification spirituelle du rêve à Béthel

Après avoir décrit le rêve que Jacob a eu à Béthel, dans les grandes lignes, en référence à sa vie, nous allons maintenant le considérer sous l'aspect spirituel, pour saisir toute la richesse qu'il a, surtout quand il est appliqué à la vie de chaque croyant.

Un premier jour de marche

Le premier jour de la marche de Jacob s'est terminé lorsque le soleil s'est couché. Cela signifie qu'il a marché pendant la journée et n'a pas continué son voyage alors que l'obscurité tombait. Ce détail nous donne quelques éléments pour commencer à spiritualiser lors de la première étape du long voyage de Jacob. Bien que le nom de la ville s'appelât auparavant Luz = amandier, Jacob arrivant dans cette localité s'est empressé de changer son nom en Bethel = Maison de Dieu. Le changement de nom n'est pas arrivé par hasard, il reflète essentiellement l'expérience particulière que l'homme fait dans cette localité, à la suite de ce qu'il a vu pendant la nuit.

En soulignant qu'il *ne* savait *pas* qu'en ce lieu il y avait avec «certitude» Dieu, avec le nom de Be t hel, le patriarche a pratiquement scellé sa conviction de la présence réelle de Dieu dans cette localité. En fait, parler d'une maison sans se référer à qui y habite, en plus de n'avoir aucun sens, n'a aucune importance; tandis que si vous donnez le nom de celui qui y habite, le lieu lui-même est regardé sous un autre aspect. En appelant ce lieu: Béthel = Maison de Dieu, Jacob a voulu se dire à lui-même et à ceux qui viendront plus tard, (chrétiens d'une manière particulière) que quand on arrive à Béthel, on n'arrive nulle part; vous arrivez dans la maison de Dieu, où Il est.

D'un point de vue purement spirituel, il est impossible pour un croyant de rester indifférent ou de ne pas ressentir la présence du surnaturel, là où se trouvent Dieu et sa maison. Dans la maison de Dieu, il n'y a pas seulement la conviction de sa présence, il y a aussi la conscience que cet endroit est aussi la *porte du ciel*. Avec ces remarques, on peut mieux comprendre et évaluer les paroles de Jésus. Il a déclaré un jour que *si quelqu'un marche dans la journée, il ne trébuche pas, car il voit la lumière de ce monde* (Jean 11:9). Paul, pour sa part, dit que les croyants *sont des enfants de la lumière et des enfants du jour* (1 Thessaloniciens 5:5).

Puisque le soleil a été créé par Dieu non seulement pour apporter la lumière sur la terre, mais aussi *pour la direction du jour* (Psaume 136: 8), et depuis que Jésus s'est appelé la *lumière du monde* (Jean 8:12), et il exhorte les gens à marcher pendant qu'ils ont la lumière avec eux (Jean 12:35), les enfants de Dieu feront bien d'apprendre de Jacob, de s'arrêter lorsque les ténèbres tombent, et de reprendre leur voyage, lorsque le soleil divin, Jésus-Christ, revient briller sur leur chemin.

Même si Jacob dans son premier jour de marche, il était certainement fatigué, pour les quarante mille qu'il avait parcourus, l'arrêt à Béthel, = Maison de Dieu, lui a servi à se reposer et à se débarrasser de la fatigue, de sorte qu'à l'aube d'un nouveau jour, pourrait continuer son voyage. Les arrêts qui se font dans la maison de Dieu sont salutaires pour l'âme et pour le corps; et tout le monde en profitera sûrement.

Une nuit à Béthel

Puis il prit une des pierres locales, la plaça sous sa tête et s'y coucha.

Passer une nuit à dormir et à se reposer dans l'état dans lequel Jacob se trouvait, après la fatigue d'une journée de marche, n'était certainement pas l'une des meilleures nuits de sa vie, d'un point de vue humain. Avoir une pierre comme oreiller et un sol dur pour un matelas, comme le sol l'était, ce n'étaient certainement pas des éléments qui favorisaient un sommeil doux et une nuit de repos. Pourtant, c'est dans cet état que Jacob a passé une nuit mémorable, pour le rêve qu'il avait et pour ce que Dieu lui a raconté, qui a sans aucun doute laissé des traces indélébiles dans sa vie.

Que pourrait signifier cette pierre, sinon Jésus-Christ lui-même, sur lequel les pèlerins chrétiens doivent reposer leur tête, pendant la nuit de la vie humaine? Avoir Jésus comme oreiller de repos, surtout si ses paroles sont gardées à l'esprit.

Venez à moi, vous tous qui êtes troublés et accablés, et je vous donnerai du repos (Matthieu 11:28),

Les différentes situations de la vie, même les moins désirables, paraîtront moins ennuyeuses, car ce sera au milieu de ces circonstances que le divin aura le dessus, au profit de la personne qui repose en Jésus.

Cette «échelle» qui reposait sur la terre, et dont le sommet touchait le ciel, est un moyen de connexion entre la terre et le ciel. Nous savons que le seul moyen qui relie la terre et le ciel, entre le divin et l'humain, c'est le Christ Jésus seul, le médiateur entre Dieu et les hommes (1 Tm 2, 5). Lui-même a donné un jour cette interprétation en parlant avec Nathanaël, il a déclaré:

«Assurément, je vous le dis, désormais vous verrez le ciel ouvert et les anges de Dieu monter et descendre sur le Fils de l'homme» (Jean 1:51).

Jésus n'est pas seulement le moyen par lequel nous devons être sauvés (Actes 4:12); la «porte du ciel», par laquelle nous allons vers le Père (Jean 14:6), mais c'est aussi Celui qui nous a ouvert le ciel. Si Jésus n'était pas venu sur terre et n'avait pas donné sa vie sur la croix du Calvaire, le ciel, pour l'homme pécheur, serait toujours resté fermé, sans aucune possibilité d'accès. Mais une fois qu'Il est venu et a achevé l'œuvre de rédemption pour toute l'humanité, par le sacrifice de la vie, le ciel s'est ouvert et ouvert pour tous, à condition que chacun croit en Jésus-Christ et accepte par la foi, ce qu'il a fait pour l'homme.

Les promesses divines

Toutes les promesses qui sont dans la Bible ne sont jamais faites pour Dieu, mais toujours pour l'homme. Que l'homme les croie ou non pour les recevoir, cela dépendra exclusivement de lui et non de la disponibilité de Dieu. Parmi les promesses divines, il y a celles concernant la vie humaine, la vie matérielle qui est vécue sur terre et les célestes concernant la vie de l'esprit et l'éternité dans la gloire. Parmi les promesses matérielles, il y a celles qui concernent exclusivement Israël et personne d'autre ne peut les réclamer. La promesse que Dieu fit à Jacob de donner la terre sur laquelle il gisait, à lui et à ses descendants, en plus d'être une promesse personnelle, était aussi un serment matériel, c'est-à-dire qu'elle parlait de la terre physique.

À ce stade, on pourrait se référer à la béatitude de Jésus: *Heureux les doux, car ils hériteront de la terre* (Matthieu 5: 5), pour savoir comment sa parole doit être comprise. Faire la distinction entre ceux qui sont «doux» et ceux qui ne le sont pas, en précisant leurs caractéristiques, n'est pas si important pour déterminer comment la parole de Jésus doit être comprise. En ce qui concerne la promesse contenue dans le texte de Matthieu, en dehors de cela reflète exactement ce qui est dit dans Psaume 37:11, on se demande toujours si cette promesse de posséder la terre est une promesse à prendre littéralement, c'est-à-dire qu'elle se réfère à la terre physique, ou s'il doit être interprété dans un sens spirituel, c'est-à-dire en pensant à toutes les bénédictions célestes. Les commentateurs ne sont pas d'accord. Il y a ceux qui pensent à la terre physique, mais à celle «purifiée» et il y a ceux qui pensent aux bénédictions spirituelles. Si nous gardons à l'esprit que l'héritage attribué aux disciples de Jésus, en plus d'être *incorruptible, non contaminé et immortel,* est également *conservé dans les cieux* (1 Pierre 1:4), il est plus cohérent d'interpréter la promesse de Jésus en un spirituel, plutôt qu'un littéral et physique.

La promesse du v.15 de Genèse 28

La promesse contenue au v. 15, ne concerne pas seulement Jacob - même si les références personnelles ne peuvent être niées - elle concerne également les chrétiens. Si vous examinez attentivement son contenu, vous pouvez trouver des analogies avec les paroles de Jésus. La phrase: *Je suis avec vous,* a son parallèle avec: *Je suis avec vous* de Matthieu 28:20. La seule différence entre les deux textes concerne la forme et non le fond. Dans Genèse 28:15, le pronom personnel « *vous* » se rapporte uniquement à la personne de Jacob, tandis que dans Matthieu 28:20, le pronom personnel « *vous* » se rapporte aux disciples de Jésus, non seulement alors, mais aussi aujourd'hui.

Évalué de cette manière le v. 15, on comprend immédiatement combien il est important pour la vie de chaque disciple de Jésus. Une fois que Jésus s'assure qu'il est *avec ses disciples chaque jour*, il n'y a pas lieu de s'inquiéter des jours d'orage, qui peuvent facilement être rencontrés au cours de la vie humaine. Ayant Jésus à ses côtés, son disciple peut compter sur son intervention, si cela s'avérait nécessaire. En d'autres termes, on dirait: si le disciple de Jésus se trouvait en difficulté ou en danger, celui qui est le compagnon de route de tous les jours ne serait pas là à côté pour regarder les choses ou les circonstances; il interviendrait avec soin pour apporter aide et libération. Avec cette certitude, nous pouvons donc nous référer aux paroles du Psaume 23: 4, dans lequel il est dit:

Même si je marchais dans la vallée de l'ombre de la mort, je ne craindrais aucun mal, parce que tu (Seigneur) *êtes avec moi ...*

Plus tard, l'apôtre Paul dira: oui *et Dieu est pour nous, qui sera contre nous?* (Romains 8:31).

Le fait qu'il soit précisé que Dieu aurait *protégé* Jacob, *partout où il serait allé*, n'est pas seulement un élément personnel ce qui signifie que cet homme aurait été un pèlerin et un étranger dans les différents voyages qu'il aurait fait, on peut aussi entrevoir une certaine similitude avec le chrétien qui, sous l'aspect spirituel, est aussi un étranger et un pèlerin sur cette terre. Sachant que le disciple de Jésus n'est pas de ce monde (Jean 15:19), et que les «élus» y *résident comme des étrangers* (1 Pierre 1:1), la promesse de la protection divine relève de la pleine logique.

Dieu promet non seulement de protéger, il ajoute également de ne pas abandonner la personne à qui il lui a demandé de faire certaines choses. Le travail que Dieu aurait dû faire dans la vie de Jacob, Lui seul le savait. De même, le Seigneur Jésus connaît l'œuvre qui doit être accomplie dans la vie de ses disciples, depuis le jour où ils ont répondu à son appel, jusqu'au jour où il les emmènera avec lui dans la gloire. L'engagement à travailler la vie des enfants de Dieu n'est pas ce qu'un homme ordinaire de ce monde pourrait faire; c'est plutôt l'engagement de Dieu lui-même. De plus, il ne déléguera à aucun de ses meilleurs anges ce qu'il a lui-même dit de faire. Puisque c'est lui-même qui l'achève, il ne s'arrêtera pas tant qu'il ne l'aura pas achevé.

Chapitre 5

RENCONTRE DE JACOB AVEC RACHELE

Note d'introduction

Le chapitre vingt-neuf de la Genèse nous fournit toutes les informations concernant la rencontre de Jacob avec Rachel. Grâce à l'examen du texte, nous arrivons non seulement à savoir comment les événements se sont déroulés, les personnages qui entrent en scène, les attitudes de chacun d'eux et comment les personnes les plus importantes ont agi, (qui dans ce cas sont Jacob et Rachel). De plus, en méditant et en réfléchissant à ce que le récit biblique nous fournit, nous pouvons tirer des enseignements pratiques qui seront invariablement utiles et stimulants dans notre vie chrétienne chaque jour, nous faisant voir ces vérités spirituelles, également applicables à nous qui vivons à d'autres moments et dans d'autres contextes sociaux. Enfin, nous sommes certains que ce qui suit dans ces réflexions contribuera à enrichir notre expérience chrétienne.

Le texte biblique

Puis Jacob partit et se rendit au pays des Orientaux (Genèse 29: 1).

À Béthel, Jacob a vécu une expérience glorieuse qu'il n'oublierait guère au fil des années de sa vie. Non seulement cela, mais là, dans cette localité, où Dieu avait eu sa part prédominante, pour un message particulier qui lui était adressé avec des promesses précises. Bien qu'il n'ait probablement pas compris tout le message divin et comment Dieu accomplirait tout ce qu'il lui avait promis, néanmoins, Jacob ne s'arrêta pas à Béthel, mais continua son voyage vers Paddan-aram.

Certaines expériences particulières qui se font facilement au cours de la vie, en particulier au début de l'existence chrétienne, laissent certainement des signes qui ne seront probablement pas effacés de la mémoire, surtout lorsque nous entrons en contact avec Dieu, et Lui, par l'Esprit Saint, est-il digne d'entendre *une voix de sa bouche* (Actes 22:14). Lorsque la flamme du zèle et de l'enthousiasme s'enflamme d'une manière imparable et que l'intérêt pour les choses de Dieu bat son plein, dans ces circonstances particulières de l'expérience chrétienne, je crois qu'il est important d'apprendre de Jacob.

A Béthel, Dieu est apparu à Jacob et lui a parlé clairement, non seulement de sa vie présente, mais aussi de sa vie future (même si le patriarche n'avait aucune idée des diverses circonstances défavorables qu'il allait rencontrer). En vue d'atteindre le lieu que lui avait indiqué son père, depuis qu'il avait pris congé de chez lui, le patriarche *partit et s'en alla ...*

Quelques réflexions d'ordre spirituel

Tenez-vous sur la "montagne de la bénédiction", ou appréciez la splendeur de la "gloire de Dieu", dans un environnement où tout est serein et calme; là où il n'y a pas les divers malentendus et la masse des inconvertis qui pourraient facilement troubler la sérénité et obscurcir la joie d'une manifestation divine en compagnie de Jésus, et des serviteurs exceptionnels du Seigneur, tels que Moïse et Élie, (qui était le expérience de Pierre, Jacques et Jean (cf. Matthieu 17, 1-7), ce serait l'idéal La vie chrétienne, sans être niée, se caractérise par une succession d'expériences, en l'absence desquelles il n'y a pas de vraie vie chrétienne De plus, ces expériences ne se font pas en restant immobile dans un certain lieu (même s'il est vrai que certaines expériences ne se font que dans certains lieux) mais en marchant. Marcher avant tout avec Dieu et dans le chemin de sa volonté, en prenant ses étapes d'une bénédiction à une autre; (même au milieu de diverses difficultés qui ne manquent pas dans la vie chrétienne) et, en se souvenant toujours que *Celui qui a commencé une bonne œuvre en nous, la portera à son terme jusqu'au jour du Christ Jésus* (Philippiens 1:6).

Jacob vient là où il y a un puits

Jacob ne savait pas que le jour où il est arrivé dans un certain endroit où il y avait *un puits*, (qui était alors déjà à l'endroit où il allait, c'est-à-dire dans les environs où vivait Laban, le frère de sa mère) qu'il était habitué à abreuver les troupeaux de moutons, il rencontrait Rachel, cette gentille fille, qui dans le futur deviendrait sa femme bien-aimée. Comme il n'avait jamais vu cette femme et ne savait rien d'elle, les informations précises que les bergers lui avaient données ont facilité la rencontre et la connaissance de Rachel. Les bonnes informations reçues de personnes sincères peuvent grandement nous aider dans certaines situations de la vie, surtout lorsqu'il n'y a pas de connaissances précises.

> «Le fait que la rencontre entre les deux ait eu lieu près d'un puits a une signification profonde, car le puits est souvent associé à la bénédiction de Dieu (cf. Genèse 16: 13-14; 21:19; 26: 19-25, 33)».[1]

Dieu qui dirigeait le chemin de Jacob (bien que ce dernier ne s'en soit probablement pas rendu compte), non seulement l'a dirigé vers ce puits, où il a rencontré des bergers, mais l'a également fait arriver à une heure précise. En fait, si Jacob était arrivé à cet endroit, après que les bergers eurent terminé l'action d'abreuver le troupeau, non seulement il n'aurait pas les informations précises sur la famille de Laban, mais il n'aurait même pas rencontré Rachel elle-même. À partir de ces détails que nous fournit le texte biblique, nous pouvons mieux apprécier comment Dieu guide ses enfants de manière infaillible et comment il fait pour eux ce qu'il a promis.

Le comportement de Jacob envers les bergers

L'arrivée de Jacob en temps voulu à ce «puits» lui permit d'avoir une bonne conversation avec les bergers qui étaient déjà là, attendant le temps de *rouler la pierre de l'embouchure du puits et d'abreuver les moutons* . Le fait que Jacob s'adresse à ces bergers en les appelant *mes frères* (sans les avoir jamais connus auparavant) dénote une attitude de gentillesse, de cordialité et d'estime envers eux. Face à un tel discours, il est facile pour Jacob de demander des informations sur la famille de Laban et pour

---

[1] Allen P. Ross, Investigare le Scritture, Antico Testamento, pag. 79

les bergers il n'y a pas de réserve pour les lui donner. La gentillesse et la gentillesse, quel que soit leur niveau, peuvent abattre les murs de la soi-disant «discrimination sociale» et permettre aux gens de parler franchement et sincèrement, en se traitant les uns les autres comme s'ils appartenaient à la même famille.

A la demande de Jacob si ces bergers connaissaient *Laban, fils de Nahor*, puisqu'ils avaient clairement dit qu'il venait de *Haran*, l'endroit où vivait le frère de sa mère, on pourrait se demander pourquoi Jacob ne se limite pas à mentionner le nom de Laban seul, mais il ajoute aussi celui de son père, c'est-à-dire Nahor. Le nom du père de Laban n'était pas seulement utilisé pour apporter une clarification, afin d'éviter de donner des nouvelles d'un autre Laban, (en supposant qu'il y en avait eu), mais était principalement utilisé pour identifier la personne qu'il cherchait. C'est un autre élément de clarté.

Parfois, lorsque vous n'êtes pas précis, vous courez le risque d'être mal compris et de recevoir des informations incorrectes, ce qui pourrait causer un préjudice plutôt qu'un avantage. Comme la réponse était affirmative, et que pendant que la fille de Laban arrivait au puits avec son troupeau, ces bergers se sont aussitôt empressés de lui dire que la fille qui arrivait était précisément Rachel, la fille de l'homme. dont Jacob avait demandé des nouvelles. C'est pourquoi Jacob, avant que Rachel n'arrive au puits, savait avec certitude qui était cette fille et de quelle fille elle était.

Cela a dû être une surprise pour Rachel de se voir traitée avec autant de soin et de courtoisie par cet inconnu, puisqu'elle ne savait pas qui il était et qu'à la première rencontre, il s'était comporté de cette manière inhabituelle.

Quand Jacob a vu Rachel, la fille de Laban, le frère de sa mère, et les moutons de Laban, le frère de sa mère, il s'est approché, a roulé la pierre de l'embouchure du puits et a abreuvé le troupeau de Laban, le frère de sa mère (Genèse 29: dix).

Quiconque lit ce récit, de la manière dont l'écrivain sacré l'a écrit et l'a transmis, est pour le moins étonné par l'attitude de Jacob envers Rachel, car non seulement il a roulé la pierre de l'embouchure du puits et l'a donné à boire pour son troupeau, mais il l'a fait sans dire un mot. Jacob, il n'avait pas d'homme devant lui, il ne rendait pas ce service à un semblable. Au contraire, il avait une femme devant lui, et il la servait. Selon la coutume de l'époque et de ces peuples, l'action de Jacob pouvait très bien être jugée grossière et inappropriée. Mais Jacob, qui savait que cette fille, devant laquelle il agissait avec soin et détermination, était la fille du frère de sa mère, dut se forcer à accomplir ce service sans ouvrir la bouche.

Dans cette action de Jacob, nous notons son altruisme et son souci sincère pour les autres. Cet homme qui au cours des dernières années a manifesté clairement son «égoïsme», nous le voyons maintenant engagé dans un travail qui parle clairement d '«altruisme». Que s'est-il passé dans la vie de cet homme? Un vrai changement, bien sûr! Qui a provoqué ce changement? Dieu, sûrement qu'il lui était apparu à Béthel et lui avait fait cette promesse spécifique qu'Il ne l' *abandonnerait pas avant d'avoir fait ce qu'Il lui avait dit* (Genèse 28:15).

Ce que Dieu fait dans le cœur de l'homme se manifeste bientôt dans les actions qui sont accomplies, afin que les autres puissent le voir clairement.

Puis Jacob embrassa Rachel, éleva la voix et pleura (Genèse 29:11).

> «Le fait que Jacob embrasse la fille sans se présenter est considéré par Calvin comme une erreur éditoriale de Moïse (Calvino Opera 23, 400).[2]

Après avoir accompli ce geste, qui aura sûrement laissé Rachel étonnée, qui jusqu'à ce moment ne savait pas encore qui était cet homme et d'où il venait, si le texte sacré ne parlait pas de la présentation que Jacob a faite à Rachel, nous ne le ferions jamais être en mesure de comprendre ces détails que le script biblique nous fournit.

Puis Jacob dit à Rachel qu'il était lié à son père et qu'il était le fils de Rebecca. Et elle a couru pour le dire à son père (Genèse 29:12).

Face à la présentation de Jacob par lui-même à Rachel, la fille peut maintenant comprendre pourquoi elle a été embrassée. Puisque la manifestation d'affection sincère que Jacob lui montre ne peut rester cachée, sans que Laban ne la connaisse en un jour à travers les bergers qui ont assisté à cette scène, Rachel, manifestant une bonne dose de sagesse, *va aussitôt le dire à son père.*

L'accueil que Laban réserve à Jacob

Dès que Laban apprit la nouvelle de Jacob, le fils de sa sœur, il courut à sa rencontre, l'embrassa, l'embrassa et le conduisit chez lui. Et Jacob a dit à Laban toutes ces choses.

Alors Laban lui dit: "«Tu es vraiment ma chair et mon sang! "Et il est resté avec lui pendant un mois (Genèse 29:13-14)

Maintenant que Jacob est arrivé à la maison de Laban, le frère de sa mère, et a été gentiment accueilli dans sa maison, il peut regarder un peu en arrière et voir clairement une partie de l'accomplissement de la promesse de Dieu. Pour Laban, qui ignorait les promesses divines faites à Jacob, l'accueil de son neveu chez lui représente une manifestation de sympathie et d'affection, en référence

---

[2] Gerhard Von Rad, *Genesi*, pag. 387, in cui l'autore riporta la citazione di Calvino

au lien familial qui existait entre lui et sa sœur, la mère de Jacob.

Mais pour Jacob, que Dieu lui avait parlé à Béthel de ses descendants, un nouvel horizon s'ouvrait, en référence aussi au souhait que son père Isaac lui avait fait, pour la future épouse qu'il prendrait à la famille de Laban, frère de sa femme. Tout était en pleine harmonie: d'une part l'accueil chaleureux de Laban chez lui; puis la fille Rachel qui est dans le même bâtiment, de l'autre côté, il y a le clair accomplissement que Dieu l'a guidé dans son voyage et l'a amené au bon endroit.

Si tout était clair dans l'esprit de Jacob, il a pu attendre un mois, pendant lequel il est resté dans la maison de Laban, sans révéler ses sentiments qui le liaient déjà à Rachel.

Savoir attendre le «bon moment», sans précipiter les événements, est un signe de croire en ce que Dieu a dit. Parfois, Dieu promet de nous donner des choses, et nous, par manque de discernement, aimerions raccourcir les délais et anticiper l'accomplissement des promesses divines. Savoir *attendre en silence le salut de l'Éternel est une bonne chose* (Lam. 3.26). C'est un principe divin pour tous les temps et pour tous les hommes.

Chapitre 6

PLACEMENT POUR LE MARIAGE DE JACOB

Puis Laban dit à Jacob: Parce que tu es mon parent, me serviras-tu pour rien? Dis-moi quel sera ton salaire.

16 Or, Laban avait deux filles: l'aînée s'appelait Léa, et la cadette Rachel.

17 Léa avait les yeux délicats; mais Rachel était belle de taille et belle de figure.

18 Jacob aimait Rachel, et il dit: Je te servirai sept ans pour Rachel, ta fille cadette.

19 Et Laban dit: J'aime mieux te la donner que de la donner à un autre homme. Reste chez moi!

20 Ainsi Jacob servit sept années pour Rachel: et elles furent à ses yeux comme quelques jours, parce qu'il l'aimait (Genèse 29:15-20).

Même si la Bible ne dit rien sur la façon dont Jacob a passé le mois dans la maison de son oncle, à partir de l'offre de rémunération que Laban lui fait, on peut comprendre à juste titre que Jacob n'est pas resté les bras croisés, c'est-à-dire à ne rien faire. De la manière dont Jacob s'est engagé au service de Laban, ce dernier aura reconnu les compétences professionnelles de son neveu, à tel point qu'il l'a incité à lui offrir un salaire adéquat. Le fait même que Laban parle à Jacob en termes de salaire montre immédiatement qu'il ne veut pas profiter de l'état nécessiteux de son neveu. C'est pourquoi il lui demande: *«Parce que tu es mon parent, vas-tu me servir pour rien? Dites-moi quel doit être votre salaire. "*

D'après la réponse que Jacob a donnée, il est immédiatement clair quelles étaient ses véritables intentions. En revanche, s'il était venu à Paddan-aram, dans la maison de son oncle Laban, ce n'était certainement pas parce qu'il manquait de travail à Canaan. S'il avait quitté la maison de son père, c'était surtout pour se sauver de la fureur vengeresse de son frère Ésaü et ensuite pour trouver une femme dans la parenté de sa mère. Le fait même que Jacob ne demande pas de salaire pour le service qu'il rend à son oncle montre clairement qu'il pensait avant tout à son mariage. Par conséquent, il répond: *"Je vous servirai sept ans pour Rachel, votre plus jeune fille."* Laban qui comprend aussitôt qu'entre sa fille Rachel et Jacob, il y a déjà un lien d'amour, n'hésite pas à accepter la demande de son neveu, et, pour apporter la preuve que la demande lui convient, la scelle aussitôt avec la sentence: *sursis avec moi*. Depuis que les termes de l'accord de plaidoyer de mariage ont été conclus, il n'y a aucun problème pour Jacob de servir Laban pendant sept ans. Finalement, voyant que Jacob aimait vraiment Rachel, ces sept années de service *lui semblèrent quelques jours*. Face à ces détails que nous fournit le récit biblique, nous pouvons tirer des leçons utiles de la vie pratique.

La première observation que nous faisons est la suivante: pourquoi Jacob a-t-il offert sept ans de service en échange de Rachel?

«Selon certains calculs, il semble que Jacob avait environ soixante-dix-sept ans quand il a *servi pour une femme* (Osée 12:12)».[3]

Il est probable que Rachel elle-même était encore trop jeune pour se marier. Alors Jacob, compte tenu de l'âge de Rachel, et aussi en gardant à l'esprit l'amour qu'elle avait pour lui, au lieu de forcer les choses, préféra attendre sept ans en silence, tout en restant occupé avec son travail.

Enfin, les sept années de service peuvent également être interprétées comme une référence à la situation économique dans laquelle se trouvait Jacob. Comme il n'avait aucun moyen financier pour donner une dot au père de la fille, (comme la coutume de l'époque l'exigeait), il voulait la donner avec ses sept années de service gratuit.[4]

Le véritable amour (autre que l'amour «passionné») est prêt à tout. Il ne force jamais les situations et ne profite pas non plus de circonstances favorables. Si un «sacrifice» doit être affronté, il le fait rapidement; s'il y a à souffrir, il le fait avec patience et il faut attendre, il le fait sans «soupir» et sans «murmurer». Il ne pense pas que le temps qu'il attend soit trop long; il ne se plaint pas si l'adversité passe

---

[3] M. Henry, *Commentario Biblico*, versione italiana, Vol. 1, pag. 236

[4] Per conoscere le usanze dei tempi patriarcali in materia di 'dote' da versare al padre della sposa, cfr. Ralph Gower, *Usi e costumi dei tempi della Bibbia*, pagg. 64-69; R. De Valux, O.P. *Le Istituzioni dell'Antico Testamento*, pag 36

pendant l'attente. Il a un but précis devant lui, et tout est encadré par référence à ce qu'il s'est fixé.

Même si les jours seront nombreux et les années nombreux, en vue d'atteindre le but, il ne s'abandonne pas à la paresse, mais se maintient activement engagé avec persévérance. Une telle attitude n'est pas seulement à féliciter pour ce qui concerne la vie terrestre, comme: le travail, le mariage, la maison, les engagements sociaux, etc., mais aussi et surtout pour le mode de vie spirituel, en référence à l'amour pour le Seigneur et à Son service.

Les choix libres qui sont faits impliquent généralement des engagements précis qui doivent toujours être respectés dans les délais. La loyauté et la sincérité que vous montrez aux autres lorsque vous rendez votre «service» est un témoignage chrétien valable, qui est bien plus important que les meilleures paroles que vous puissiez dire. Si nous ajoutons ensuite que tout ce qui est fait doit avoir pour fondement l'amour, chaque action qui est accomplie, qu'elle soit petite ou grande, sert à authentifier sa vocation et sa mission parmi les hommes. Qu'ils soient parents, selon la chair ou non, tout doit être fait avec une attitude désintéressée, en pensant toujours à la parole de l'Écriture: *craindre les autres plus qu'eux-mêmes* (Philippiens 2:3).

Le jour du mariage arrive

Après sept ans de service, Jacob se retrouve en plein droit légal d'avoir Rachel comme épouse légitime. C'est pourquoi il dit fermement à Laban, à son oncle et au père de la fille: *"Donnez-moi ma femme, car le temps est écoulé et laissez-moi venir à elle"* (Genèse 29:21). Bien que le mariage entre lui et sa bien-aimée Rachel n'ait pas encore été officiellement célébré, Jacob la considérait comme «sa femme», à toutes fins utiles, pensant avant tout à la négociation de plaidoyer qui avait eu lieu sept ans plus tôt.

Étant donné qu'au cours de ces sept années qui s'étaient écoulées, il n'y avait eu aucune objection de Laban et aucun doute ne s'était produit chez les personnes concernées, pour pouvoir invalider ce qui avait été convenu, il n'y avait aucune raison pour que Rachel ne soit pas donnée à Jacob comme son épouse légitime. Si Jacob avait demandé à Laban de lui donner Rachel comme épouse avant l'âge de sept ans, il n'aurait pas eu le droit de le faire, et même Laban n'aurait pas été obligé de le lui donner.

Il y a une bonne leçon à tirer: lorsqu'un «contrat» est signé, avec le consentement des deux parties, bien entendu, les termes de l'accord doivent être pleinement respectés. Mais si, au contraire, l'un des contractants ignore le respect de l'accord (mis à part le fait que le contrat lui-même perd sa valeur juridique), mais même ceux qui ne l'ont pas respecté, ont le droit de demander la pièce dû. La fidélité d'une personne doit être jugée si elle peut garder foi dans ses paroles, ses promesses et ses engagements.

Le banquet de mariage a lieu

Puisque Jacob s'est conformé aux termes de l'accord de plaidoyer, Laban ne peut pas reporter le festin de mariage. *Puis Laban rassembla tous les hommes du lieu et fit une fête* (Genèse 29:22). C'est le banquet pour la célébration du mariage entre Jacob et Rachel. Même si le texte utilise le terme «hommes», il ne faut pas penser que le banquet de mariage était réservé au seul sexe masculin et excluait le sexe féminin. De plus, le banquet, dont parle le texte, ne doit pas être interprété comme s'il s'agissait d'une fête de famille; il est étendu à d'autres parents, amis et connaissances, comme il sied à la célébration d'un vrai mariage. Combien ont été invités à la fête de mariage, entre Jacob et Rachel, on ne nous le dit pas.

Après tout, il n'est pas si important de penser au nombre de participants. Si le banquet en question concernait le mariage de deux monarques, le nombre de participants (généralement important) aurait son importance, car la richesse des deux côtés serait mise en évidence dans des circonstances similaires. Puisque la fête de mariage impliquait deux personnes ordinaires, même si la famille de Laban peut être considérée comme riche, Jacob ne l'était pas à ce moment-là.

Tout se déroule selon la coutume de l'époque: les plats préparés et servis avec soin satisfont le palais des convives. Le vin, boisson préférée et abondamment mis à disposition des personnes présentes, rend les gens heureux et rend toute la cérémonie de mariage festive. La circonstance est non seulement heureuse pour les époux, leurs parents et tout le reste des deux familles (même si la famille de Jacob, il n'y en a pas d'autre que lui), mais aussi pour tous ceux qui ont été invités. Toutes les personnes présentes contribuent à rendre la cérémonie joyeuse.

Pendant tout le temps du divertissement, on ne mange et ne boit pas seulement; on écoute de la musique adaptée à l'occasion, des chanteurs se produisent à l'adresse des époux, des groupes de personnes des deux sexes sont vus danser et des souhaits sont également entendus qui sont formulés aux époux pour une progéniture abondante.

La première nuit

Mais quand ce fut le soir, il (Laban) *prit Léa sa fille et la conduisit à Jacob, qui entra en elle* (Genèse 29:23). L'action que Laban entreprend, en emmenant sa fille Leah et en l'amenant à Jacob, aurait été faite `` le soir '', c'est-à-dire à la fin du premier jour de la fête, puisque le banquet de mariage durait généralement un quelques jours. Cependant, cela ne signifie pas que l'idée est apparue soudainement, à ce moment précis. Sans tomber dans un jugement d'exagération, nous pensons à juste titre que ce plan aura été conçu et élaboré auparavant. Le même jour que le banquet? (Ou peut-être le jour de la cérémonie de mariage?) Est-ce que Leah, la fille aînée, avait été prévenue qu'à la fin du premier jour du mariage, elle devrait coucher avec Jacob à la place de sa sœur Rachel?

Il ne nous semble pas que Laban ait élaboré un tel projet avec le consentement de sa fille, sans créer de graves problèmes dans sa vie. Même s'il est vrai qu'à cette époque ce sont les parents qui décidaient du mariage de leurs enfants, et que les mêmes, parfois, agissaient passivement en acceptant la volonté du père, d'une manière particulière, en ce sens que leur décision n'a pas toujours été respecté.

D'après les quelques mots que le texte sacré utilise pour décrire cette scène, il nous semble assez clair que toute l'affaire doit être imputée à Laban et que Léa a été victime de l'absurde volonté de son père. Un tel acte ne doit certainement pas être loué; doit être fermement blâmé et condamné. Un père qui agit ainsi, considérant sa fille comme une prostituée, déshonore la famille et dégrade la dignité du «rôle» de père.

Cela semble être une fable que Jacob, pendant la première nuit de rapports sexuels avec la femme qu'il croyait être sa bien-aimée Rachel, ne l'ait pas remarqué du tout, et qu'il devait attendre la lumière d'un nouveau jour pour savoir que, en fait, la femme qu'il avait dans ses bras cette nuit-là n'était pas Rachel mais Leah. Même si l'on accepte le fait qu'à cette époque, la chambre des époux, (qui était alors un rideau) où le couple se répandait dans la relation conjugale n'était éclairée par aucune lampe qui leur permettait de voir l'environnement et les gens, et que le voile qui enveloppait le visage de la mariée a été enlevé par l'époux dans l'obscurité. Cependant, il est impensable que le facteur «parler» ne soit pas pris en compte. Il est également impensable de supporter que lors de la première nuit de miel, les époux se sont fermés en silence.

Admettant par une hypothèse absurde qu'on a peu parlé la première nuit, les quelques mots qui ont été dits, des deux côtés, auraient suffi à faire comprendre aux époux: la voix de la femme que j'entends est celle de ma femme et celle de l'homme, de mon mari. Penser que Jacob ne connaissait pas la voix de Rachel, après sept ans passés en contact permanent, est au moins imaginatif et dénué de logique humaine.

Alors pourquoi le récit biblique dit que Jacob ne connaissait que le «matin», la femme qui avait eu ses bras toute la nuit, était Léa? Nous pensons que la réponse suivante peut être donnée à la question en question. Le but de l'auteur de l'histoire biblique n'est pas de raconter la première nuit de la «lune de miel» d'un couple, comme on dirait en termes modernes. Si tel avait été son objectif, il n'aurait certainement pas utilisé les mots qui sont lus dans le texte, car ils n'ont aucune logique.

Alors que si nous gardons à l'esprit que le véritable but du récit biblique est de nous faire savoir la tromperie que Jacob a subie par Laban, alors l'obstacle apparent peut être surmonté facilement et la logique humaine ne s'oppose pas au bon sens.

La tromperie subie par Jacob

Jacob dit alors à Laban: «Qu'est-ce que tu m'as fait? N'est-ce pas pour Rachel que je t'ai servi? Pourquoi alors m'avez-vous trompé? " (Genèse 29:25).

Les paroles de Jacob révèlent deux choses. 1) Léa n'est pas considérée comme responsable de ce qui s'est passé. Cela prouve que dans cette affaire, la fille n'a été utilisée que comme «outil», contre sa volonté. 2) Le véritable responsable de l'action n'est que Laban, car il était le véritable créateur de cette stratégie. Par conséquent, la tromperie qui a été perpétrée contre Jacob doit être entièrement attribuée à Laban. La même justification que Laban donne: *«Il n'est pas d'* usage de le *faire dans notre pays, c'est-à-dire de donner le mineur avant le majeur*, (Genèse 29:26) n'est pas valable et n'a même pas de sens de logique pour le simple fait qu'à proprement parler, il aurait dû parler à Jacob de cette «coutume», le jour même où il demande à Rachel sa femme, et ne pas attendre la première nuit, lorsque le mariage est célébré.

Si Jacob est très rancunier, et en même temps offensé dans sa dignité personnelle, pour ce qu'il a souffert, il n'a pas complètement tort de lui demander, avant d'avoir entendu la justification: *que m'as-tu fait?* Puisque Laban ne peut pas défier Jacob pour quoi que ce soit de `` mauvais '', et que la négociation de plaidoyer convenue était explicitement pour Rachel, Jacob a toutes les raisons de se sentir trompé.

À ce stade, les commentateurs soulignent que, tout comme Jacob a trompé Isaac son père, quand il s'est fait passer pour Ésaü, il est maintenant trompé par Laban. En d'autres termes, Jacob récoltait ce qu'il avait semé, pour utiliser une parole de l'apôtre Paul (Galates 6:7). Le parallèle est sans aucun doute approprié et s'inscrit surtout dans la logique divine. L'homme oublie souvent «comment semer», croyant que la soi-disant «loi de la correspondance» ne se produira pas. Les choses que Dieu a établies comme «principes universels», c'est-à-dire qui conviennent à tous les hommes et à tous les temps, ne peuvent être changées par personne.

La graine semée, bonne ou mauvaise, ne naît pas immédiatement et n'atteint pas immédiatement la maturité pour être récoltée. Parfois, beaucoup de temps passe; de nombreuses années s'écoulent avant l'arrivée de la récolte. Cependant, une chose est certaine: si nous voulons récolter, nous devons semer; en l'absence de semis, on ne peut s'attendre à récolter.

Il y a des coutumes qui n'ont rien à voir avec la parole de Dieu, en effet parfois elles s'y opposent. Le croyant, en particulier, fera bien d'accorder plus d'importance aux enseignements divins, plutôt que de suivre les coutumes du monde, de ceux qui ne suivent pas l'Évangile de notre Seigneur Jésus-Christ. Être sincère et honnête avec soi-même signifie avoir une bonne base pour le montrer aux autres. D'un point de vue général, personne ne peut donner à autrui quelque chose qu'il n'a pas; chacun donne ce qu'il a.

Si vous ne voulez pas recevoir de tort ou d'offense dans votre vie, veillez à n'en causer à personne. S'il est vrai que parfois ceux qui font le bien reçoivent le mal, il vaut mieux le recevoir plutôt que le faire. Si une pierre est lourde à porter sur vos épaules, n'essayez pas de la jeter sur les autres. La `` règle d'or '', ainsi définie par beaucoup: *toutes les choses que vous voulez que les hommes vous fassent, faites-les aussi, car c'est la loi et les prophètes* (Matthieu 7:12)

Les deux épouses de Jacob

Terminez la semaine de ceci (c'est-à-dire de Léa) *et nous vous donnerons l'autre aussi, pour le service que vous allez rendre avec moi pendant encore sept ans.*

Alors Jacob fit ainsi, et la semaine de Léa se termina; puis Laban lui a donné sa fille Rachel comme épouse.

En outre, Laban a donné son serviteur Bilah pour être un serviteur de Rachel, sa fille.

Et Jacob alla aussi vers Rachel et aima Rachel plus que Léa; et a servi comme Laban encore sept ans (Genèse 29:27-30).

Sans le vouloir et sans le chercher, Jacob finit par avoir deux femmes. Afin d'avoir Rachel comme épouse, qui était sa bien-aimée préférée, il a offert sept ans de service gratuit à Laban, tandis que pour Leah, qu'il n'a pas choisie alors, et qui ne faisait même pas partie de ses plans pour l'avoir, il a dû payer encore sept années de service. , qu'il n'offre pas mais qui lui sont demandés par Laban. Si Jacob avait refusé de *«terminer la semaine avec Léa»,* Laban ne lui aurait sûrement pas donné Rachel. Ainsi Jacob se trouve «entre un rocher et un endroit dur», comme on dirait en termes proverbiaux, et, contre sa volonté, il accepte, par souci d'harmonie et de paix. Ceci nous est confirmé par la phrase: Alors *Jacob l'a fait, et la semaine de Leah s'est terminée.*

Passer une semaine dans des relations amoureuses avec une femme que Jacob n'avait pas l'intention de l'avoir comme épouse n'aurait certainement pas été un événement délicieux pour lui. Cependant, comme telles étaient les conditions pour avoir la femme qu'il aimait, il devait consentir à la volonté de son père. En faisant cela, Jacob adhère non seulement à ce qui lui est demandé, mais il sauve également la dignité de Léa. En fait, terminer la semaine (qui était généralement la durée du festin de mariage) montrait des signes de virginité, de sorte que tout le monde pouvait considérer Leah comme une épouse légitime et non comme une prostituée. À cet égard, ce que Jacob a fait est admirable et mérite des éloges.

Si nous décrivons cette scène, nous ne le faisons pas pour justifier une relation sexuelle illicite en dehors du mariage. Si de telles relations auraient pu être tolérées à cette époque, nous ne pouvons pas en dire autant aujourd'hui.

En fait, à la lumière des enseignements du NT, toute relation sexuelle en dehors du mariage est illicite, donc elle est considérée comme un péché.

L'action de Jacob, dans cette partie spécifique de sa vie, mérite une réflexion particulière à caractère général, car elle nous permet d'aborder des questions d'actualité. Mener des actions qui visent l'harmonie et la paix, c'est-à-dire empêcher quelque chose qui causerait du tort aux autres, est en pleine harmonie avec l'enseignement de Jésus et la morale chrétienne.

Si quelqu'un veut vous poursuivre pour que vous enleviez votre tunique, laissez-lui aussi votre manteau (Matthieu 5:40) ou comme le dit Luc: *Si quelqu'un vous frappe sur une joue, tournez-lui aussi vers lui l'autre; et quiconque enlève ton manteau, ne t'empêche pas de prendre aussi ta tunique* (Luc 6:29).

Retirer quelque chose qui nous appartient, qui est notre propriété, signifie détournement de fonds, punissable, selon le code pénal. Les enfants de Dieu sont connus comme les enfants de la paix. *Heureux ceux qui travaillent pour la paix, car ils seront appelés enfants de Dieu* (Matthieu 5:9). Travailler pour la paix ne signifie pas seulement intervenir là où il y a une querelle, un différend, un combat, mais aussi les empêcher, c'est-à-dire ne pas les faire se produire.

L'apôtre Paul, pour sa part, adresse l'exhortation suivante aux croyants de Rome: ne *rendez le mal pour le mal à personne; essayez de faire le bien devant tous les hommes. Si c'est possible et dans la mesure où cela dépend de vous, vivez en paix avec tous les hommes* (Rm 12:17,18). L'épître aux Hébreux exhorte fermement: *recherchez la paix avec tous et la sanctification, sans laquelle personne ne verra le Seigneur* (Hébreux 12:14).

Ces quelques versets à l'appui de ce que nous avons dit sur l'action de Jacob sont des enseignements pour tous et valables pour tous les temps. Alors si nous ajoutons le dicton paulinien: *pourquoi ne souffrez-vous pas plutôt un tort? Pourquoi ne vous laissez-vous pas plutôt escroquer?* (1Corinthiens 6:7), alors on comprend tout de suite ce que doit être l'attitude chrétienne face à certaines provocations, ou face à certaines manifestations qui affectent étroitement notre vie, notre réputation, notre prestige, notre intégrité. Enfin, ne pas *être vaincu par le mal mais le vaincre par le bien* (Romains 12:21), représente la meilleure manifestation de la cohérence chrétienne, entre professer une vérité et la vivre.

Capitolo 7

LES QUATRE PREMIERS ENFANTS NÉS À JACOB

e Seigneur, voyant que Léa n'était pas aimée, lui ouvrit le ventre; mais Rachel était stérile.

Alors Léa conçut et donna naissance à un fils et le nomma Ruben, parce qu'il dit: «Le Seigneur a vu mon affliction; alors maintenant mon mari m'aimera. '

Puis elle a conçu de nouveau et a donné naissance à un fils et a dit: "Le Seigneur a entendu que je n'étais pas aimé, et c'est pourquoi il m'a aussi donné ce fils." Et il l'a appelé Siméon.

Elle a conçu de nouveau et a donné naissance à un fils, et a dit: "Cette fois, mon mari m'aimera, parce que je lui ai donné trois enfants." Pour cela, il s'appelait Levi.

Elle a conçu de nouveau et a donné naissance à un fils, et a dit: "Cette fois, je louerai le Seigneur." C'est pourquoi il l'a appelé Judas. Puis il a cessé d'avoir des enfants (Genèse 29: 31-35).

Leah, la femme non désirée et mal aimée de Jacob, entre en scène pour les quatre premiers enfants qu'elle donne à Jacob. Bien que ces quatre premiers enfants soient le résultat de sa vie conjugale avec Jacob, non pas en tant que concubine, mais en tant qu'épouse, les noms qu'elle donne révèlent l'état réel dans lequel elle vit avec son mari, en ce qui concerne son mari. amour conjugal.

Que Léa n'était pas aimée de Jacob, ce n'est pas étonnant, surtout en pensant qu'elle ne représente pas le libre choix de Jacob, mais une imposition faite par son père, que Jacob avait accepté pour la paix comme sa seconde épouse. Que cet état de manque d'amour de la part de son mari envers elle était connu des autres, il n'y a pas tant d'effort à remarquer. Bien que de la bouche de Leah, avant la naissance du premier enfant, aucun mot ne sort pour montrer aux autres que son mari ne l'aime pas, néanmoins, Dieu qui est le connaisseur de toutes choses et voit tout avec précision, témoigne qu'en effet Jacob n'aime pas Léa.

La naissance du premier enfant, Ruben

L'*Éternel, voyant que Léa n'était pas aimée, a ouvert son ventre ...* (Genèse 29:31). Que le témoignage de l'Éternel reflète la vérité est hors de question. Le premier enfant que Leah donne naissance ne représente pas le fruit de l'amour de Jacob, mais un acte spécial de Dieu, en faveur de Leah. Si l'Éternel n'avait pas ouvert le ventre de Léa (ce qui équivaut à le rendre fécond), il n'y aurait eu ni conception ni naissance.

Que Léa traversât une période d'affliction pour ne pas pouvoir donner naissance à des enfants, est clairement indiqué par le nom qu'elle donne au premier-né, quand *elle l'a appelé Ruben* = Voici un fils, et par la spécification qui a suivi: *l'Éternel a vu mon affliction...* (Genèse 29:32). Cela signifie que Léa, dans son silence, souffrait d'une affliction, non pas parce que Jacob lui avait fait manquer un rapport sexuel, mais parce qu'elle ne pouvait pas concevoir. Dans cet état d '«affliction», rien n'empêche cette femme de faire une demande à l'Éternel, car Lui-même intervient pour résoudre ce problème.

Si Dieu intervient pour résoudre un problème, en faveur d'une personne, il ne le fait certainement pas parce que la même le mérite, mais «toujours» à cause de sa gentillesse et de sa miséricorde. Chacun sait que l'homme n'a rien à se vanter devant Dieu pour ce qu'il fait, et encore moins peut-il faire appel à ses mérites pour réclamer une grâce du Seigneur, principalement des croyants. Cependant, le fait même que l'Éternel «voit» l'affliction d'une personne nous inspire à lui faire confiance, et sur la base de ce que l'Éternel a fait pour les autres, il pourra le faire pour nous aussi. La confiance en Dieu ne doit jamais abandonner une personne si elle veut vraiment voir l'intervention de Dieu dans sa vie.

Le manque d'amour déclaré

L'autre aspect de l'intervention de Dieu dans la vie de Leah lorsqu'elle a ouvert son ventre pour la faire concevoir était que des mots sortaient de sa bouche qui, pour la première fois, admettaient clairement que son mari ne l'aimait pas. La présence de Ruben enflamme l'espérance dans sa vie, de sorte qu'elle la pousse à dire: c'est *pourquoi maintenant mon mari m'aimera* (Genèse 29:32). Même si la forme est dans le futur, Léa avec ces mots voulait dire: que mon mari ne m'aime pas, je ne peux plus le nier; Cependant, face au fait que maintenant devant lui il y a un fils que je lui ai donné, je ne peux pas penser que cette situation continuera indéfiniment dans le futur, sans un changement dans sa vie et dans ses sentiments envers moi.

L'espoir d'un avenir meilleur a toujours remonté le moral des gens, pour les amener à regarder vers l'avenir, vers de nouveaux objectifs et de nouveaux objectifs. Et si cette espérance est celle que vous avez en Dieu, elle ne laissera personne déçu (Romains 5: 5)

La naissance du deuxième enfant

Puis elle a conçu de nouveau et a donné naissance à un fils et a dit: "Le Seigneur a entendu que je n'étais pas aimé, et c'est pourquoi il m'a aussi donné ce fils." Et il l'a appelé Siméon (Genèse 29:33).

La naissance du deuxième fils de Léa à Jacob n'est pas seulement le résultat de ce que *l'Éternel a entendu dire que je n'étais pas aimé* (de qui l'a-t-elle entendu? Facilement d'elle-même quand elle l'a dit à l'Éternel), c'est qu'il a accordé ma demande (en fait, Siméon signifie accomplissement), mais c'est aussi un «don» de Dieu. Léa, en effet, reconnaît et avoue que le deuxième fils lui a été *donné par* l'Éternel.

Garder à l'esprit que l'Éternel « *entend* » tout ce que nous lui disons est très important car cela nous conduira à vivre notre vie en attendant de recevoir une réponse à tout ce que nous disons au Seigneur. Cela n'aurait aucune valeur et aucun sens de parler à notre Dieu de nos problèmes que nous rencontrons dans la vie de tous les jours, sans attendre sa réponse, ou comme il est plus clairement dit: l'accomplissement de nos prières.

Puisque Dieu est large dans le don, c'est-à-dire qu'il donne plus que ce qui lui est demandé, chaque fois que nous lui disons des choses qui nous concernent ou qui concernent les autres, il est impossible que lui, en bon Père qui est, nous donne autre chose que cela nous lui demandons (Luc 11: 9-13). Si l'on pense alors au plus grand des dons que

Dieu a donné, c'est-à-dire à son Fils, Jésus-Christ, le don de Dieu, en plus d'apparaître unique en son genre, est également incomparable à tous les points de vue, car il n'a pas d'homologues dans tout l'Univers.

Le troisième enfant de Léa

Léa a conçu de nouveau et a donné naissance à un fils, et a dit: "Cette fois, mon mari m'aimera, parce que je lui ai donné trois enfants." Pour cela, il a été appelé Lévi (Genèse 29:34).

Leah a non seulement senti qu'elle n'était pas aimée de son mari, mais aussi que Jacob ne l'aimait pas encore. Avec les trois enfants qu'elle a donnés à son mari, l'espoir que *cette fois*, son conjoint *s'attachera à elle* est vivant, pour effacer son passé. Le fait même que le troisième fils reçoive le nom de Lévi = qui signifie *conjonction,* indique qu'elle et Jacob manquaient de ce lien d'affection, dont elle ressentait le besoin urgent de voir s'enrouler autour d'elle.

Léa aurait-elle pu faire un effort pour avoir ce lien *affectueux* avec son mari qu'elle n'avait toujours pas pu faire? Maintenant que Lévi est venu, confiez-lui cette tâche, dans l'espoir que cette fois il réussira. Les liens de conjonctions sont importants dans la vie associée, quel que soit le niveau auquel nous les appliquons: que ce soit dans le contexte familial, ou dans le milieu religieux, entre des personnes qui partagent la même foi, ou qu'il se réfère au cercle d'amis et de connaissances, ou en général avec tout le monde. Quand les gens ne sont pas entourés de liens d'affection, ils se sentent seuls, isolés de tout le monde.

Le quatrième enfant est né

Léa a conçu de nouveau et a donné naissance à un fils, et a dit: "Cette fois, je louerai le Seigneur." Et il l'a appelé Judas. Puis il a cessé d'avoir des enfants (Genèse 29:35).

Avec l'arrivée du quatrième enfant, un tournant décisif et significatif se produit dans la vie de Léa. Elle ne dit plus qu'elle n'est pas *aimée* de son mari; il ne parle plus de son *affliction*; elle ne dit pas un seul mot que Jacob ne l'aime pas, mais ne parle que d'un but nouveau, celui de célébrer l'Éternel. A-t-elle fait cela au cours des dernières années, pendant lesquelles elle a eu trois enfants? Probablement pas! Avec l'arrivée de son quatrième enfant, les yeux de Léa s'ouvrent et elle commence à voir ce qu'elle n'avait pas vu dans le passé. Et voyant cela, il commence à réfléchir: j'ai pensé à tout au cours des années de ma vie, surtout depuis que je me suis marié avec Jacob.

J'ai tout de suite remarqué qu'il ne m'aimait pas, et à cause de cela, j'ai traversé beaucoup de chagrin en moi. Et puis quand j'ai remarqué que mon mari n'aimait pas de moi, de cette consolidation *connexion* que je me sentais *un avec lui*, j'étais presque au bord du désespoir, comme si tout était effondré autour de moi; comme s'il n'y avait pas d'autre moyen de sortir de cette impasse dans laquelle j'étais; comme s'il n'y avait aucun espoir de surmonter l'énorme difficulté qui m'attendait; comme si tout était sombre sur mon chemin et comme si cette lumière avait disparu pour illuminer mon avenir.

Quand tout semblait fini et que toutes les ressources étaient épuisées, une étoile brillante apparaît à mon horizon; Je vois un moyen de sortir devant mes yeux pour sortir de mon tunnel sombre. C'est lui, Judas = louange, qui m'a aidé, qui m'a ouvert une nouvelle perspective; il m'a montré l'élément essentiel qui me manquait, celui qui ne me permettait pas d'éclater dans des cris de joie, d'utiliser ma voix et mes paroles pour célébrer l'Éternel, maintenant et aussi dans le futur.

Chapitre 8

LES ENFANTS DE JACOB NÉ DES SERVITEURS DE RACHEL ET LEA

Dans les treize premiers versets du chapitre trente du livre de la Genèse, il y a le récit des quatre fils de Jacob nés des deux serviteurs de Rachel et Léa. L'histoire nous permet de savoir non seulement comment ils sont nés, mais aussi les raisons qui les ont déterminés. Laban, le père de Rachel et de Léa, en la donnant à Jacob pour femme, avait également donné deux serviteurs: un pour Rachel, nommé Bilah et l'autre pour Léa, qui s'appelait Zilpa. Son intention en donnant ces deux femmes comme servantes aux deux filles était qu'elles puissent les servir dans leurs besoins quotidiens, et non pas comme des épouses de remplacement pour Jacob. Cependant, contrairement à sa volonté, Bilah et Zilpah ont fini par devenir des épouses de remplacement pour Jacob.

L'envie de Rachel pour sa sœur Léa

Rachel, qui était la bien-aimée de Jacob, ne pouvait pas avoir d'enfants, car elle était stérile. Et comme elle ne pouvait pas concevoir, (non pas parce que Jacob l'avait privée de rapports sexuels), elle *est devenue envieuse de sa sœur* Leah, qui avait déjà quatre enfants avec Jacob. L'envie, à quelque niveau que nous la plaçons et chez toute personne qu'elle manifeste, a toujours été nuisible et ne changera jamais sa nature. Il a toujours produit des sentiments hostiles et n'a jamais favorisé la relaxation et l'harmonie les uns avec les autres. Cela provoque toujours des ennuis et des rhumes dans les relations interpersonnelles, non seulement avec ceux qui n'ont pas de liens de sang, mais aussi avec les personnes les plus proches et les plus proches, comme les membres d'une même famille charnelle.

Pour cet étrange phénomène, voir spécialement (Genèse 37: 1-11). De plus, l'envie ne peut être considérée comme un jouet inoffensif, avec lequel on passe son temps libre pour s'amuser. Ceux qui l'ont utilisé à cet égard ont rapidement été brûlés pour les énormes dégâts qu'il leur causait.

Enfin, pour avoir une idée plus précise de son danger, rappelez-vous simplement ce que dit Salomon, quand il définit l'envie comme *un ver des bois des os* (Proverbes 14:30) ou, comme le dit une autre version, *la caric des os* (NR). On sait que les os, dans le corps humain, sont la structure de support. Si cette structure devient «rose» (même si ce processus se déroule lentement), elle sera vouée à s'effondrer misérablement. Pour éviter que cela ne se produise, des précautions sont prises, afin que ce mal soit éliminé. Quand on voit l'envie (qui ne peut pas rester cachée), il faut immédiatement la retirer, de ses pensées et attitudes, avant qu'il ne soit trop tard, c'est-à-dire avant qu'elle n'en produise les conséquences tragiques et douloureuses.

Rachel d'un ton ferme et décisif, s'adressant à son mari, lui dit: *"Donnez-moi des enfants ou je mourrai"* (Genèse 30:1). Le désir de Rachel de devenir mère était fort; cependant, en s'exprimant de cette manière, il expliqua clairement que tout était la faute de Jacob, comme s'il ne voulait pas la satisfaire. Blâmer ainsi son mari était injuste, du simple fait que, sans aucun doute, les performances sexuelles ne lui en faisaient pas défaut.

Comprenant le sens des mots, Jacob a *brûlé de colère* (et sa colère était plus que justifiée) et a répondu: *"Suis-je peut-être à la place de Dieu, qui vous a refusé d'avoir des enfants?"* (Genèse 30:2). Faire comprendre à Rachel qu'en ce qui concerne les enfants, le mari n'a rien à voir avec ça, ce n'est pas chose facile, puisque c'est Dieu qui les a reniés. Bien que cela soit clair pour Jacob, ce n'était pas du tout clair pour Rachel.

La souveraineté de Dieu implique qu'Il a tout sous contrôle et ne fait jamais de choses fantaisistes. Rachel avait besoin de savoir, tout d'abord, d'accepter et de croire cette vérité absolue, ce qu'elle n'a pas fait dans cette circonstance particulière. Les gens qui ont des incertitudes sur la souveraineté de Dieu auront toujours du mal à encadrer les événements de la vie, tout ce qui se passe autour d'eux, et surtout ce qui se passe dans leur existence. Même si cela ne nous paraît pas clair, surtout quand il y a des situations qui ne peuvent pas être expliquées par la logique humaine, la meilleure solution au problème est de croire en Dieu dans ce qu'il dit de lui-même. Parfois, ceux qui n'ont aucune responsabilité sont blâmés pour leur manque de compréhension.

Rachel exprime non seulement le désir de vouloir des enfants, mais en vient même à penser et à croire que s'ils ne viennent pas, pour elle, il n'y a que la mort. À ce stade, on voit clairement que Rachel est au bord du désespoir et ne sait plus quoi faire. Les mots suivants sont à la fois intéressants et significatifs. «Il (Dieu) tient quatre clés dans sa main: celle des nuées, du cœur, du tombeau et de l'utérus, (comme disent les rabbins) et ne confie pas ces clés même à ses anges ou séraphins (Apocalypse 3: 7; Job. 11:10; 12:14) ".

La nouvelle stratégie de Rachel

Voyant que les voies d'entrée sont toutes fermées et les perspectives fermées, il se met à penser: si je ne peux pas avoir d'enfants parce que je ne peux pas concevoir, mon serviteur pourrait résoudre mon problème. Je donnerai Bilah à mon mari en tant qu'épouse, et d'elle je pourrai avoir des enfants. Rachel était si sûre de cette nouvelle stratégie qu'elle lui vint à l'esprit (sans la moindre pensée que même sa servante aurait pu se retrouver dans le même état qu'elle, c'est-à-dire qu'elle ne pouvait pas concevoir).

Sans perdre de temps, reprenant la conversation interrompue avec son mari, elle lui dit d'un ton ferme et décisif: *«Voici ma servante Bilah; entre en elle, pour qu'elle accouche à genoux; donc grâce à elle je pourrai avoir des enfants ». Alors il lui donna son servante Bilah comme épouse, et Jacob entra en elle* (Genèse 30:3-4). On ne connaît pas, (puisque le texte biblique ne le révèle pas), la réaction de Jacob, devant ces paroles précises qu'il entend de la bouche de sa femme.

Si l'auteur du texte biblique s'était intéressé à décrire les sentiments et les réactions intimes de la vie de Jacob, il n'aurait certainement pas manqué l'occasion de nous en parler, devant une scène aussi épicée de ce genre. Cependant, comme le but de l'auteur était assez différent, il ferme cette parenthèse avec quelques mots, nous faisant savoir que Jacob *est entré* en contact physique avec Bilah et, de cette relation sexuelle, la servante de Rachel a *conçu et a donné naissance à un fils de Jacob.*

Certaines actions qui ont été menées dans le contexte de l'Ancien Testament, en particulier compte tenu des usages et des coutumes de cette époque, n'ont pas toujours été condamnées. Si, en revanche, Jacob avait fait ce qu'il a fait avec Bilah, dans le cadre du NT et, en pensant à ses enseignements (même s'il l'avait justifié avec l'autorisation et l'approbation de sa femme), une condamnation claire de ' adultère », il ne manquerait certainement pas.

À la naissance de son premier enfant, Rachel a dit: *«Dieu m'a rendu justice; il a également écouté ma voix et m'a donné un fils. "C'est pourquoi il l'a nommé Dan,* ce qui signifie" juge "(Genèse 30:6). En déclarant que Dieu *lui a rendu justice,* Rachel affirme implicitement que dans le passé elle a subi des injustices dans sa vie. À ce stade, la question se pose: qui Si Rachel avait eu à l'esprit que l'état de sa stérilité était une injustice évidente, et puisque c'était Dieu qui l'avait fait ainsi en lui refusant d'avoir des enfants (selon les paroles de Jacob), la référence aurait été vers Dieu.

Si cette interprétation était correcte et la croyance vraie, l'erreur de jugement de Rachel, cela aurait été gigantesque. Sur la base de quels éléments Rachel aurait-elle été si audacieuse en déclarant Dieu injuste envers elle? Nous savons que Dieu est juste par nature et non par acquisition. Sa justice ne peut produire d'injustice envers personne. Que certaines actions que Dieu accomplit dans sa souveraineté, nous les humains ne les comprennent pas toujours, cela est pris pour acquis. Cependant, cela ne nous autorise pas à penser que Rachel était en colère contre Dieu, sinon ses propres mots n'auraient aucun sens de la logique.

Sa sœur Léa avait-elle été injuste envers lui? Aussi pour cette éventualité nous ne trouvons pas de preuve que les deux sœurs avaient eu une attitude similaire pour leur permettre d'approuver une hypothèse similaire, aussi parce que, jusqu'à ce moment, Léa n'avait rien fait de mal envers Rachel, pour être classée comme une personne injuste.

Est-ce Jacob qui a commis l'injustice envers sa bien-aimée Rachel? En pensant à une telle éventualité, nous sommes déjà sur le terrain de l'illogisme, tenant surtout pour acquis qu'il n'y a aucune preuve, pour valider une telle hypothèse, pour le simple fait que Jacob n'avait jamais refusé à sa femme la relation conjugale. Alors, de qui Rachel a-t-elle reçu l'injustice?

Les trois hypothèses décrites ci-dessus n'étant pas convaincantes pour en accepter une, il suffit de penser à Rachel elle-même, en ce qu'elle croyait. À la lumière des faits, tels que le récit biblique les présente, la seule explication valable et convaincante est celle de voir Rachel comme une croyance erronée, ce qui la porte à croire que quelqu'un a commis une action injuste sur elle.

L'autre explication que Rachel avance à la naissance de Dan est que Dieu a écouté sa voix. Si nous devons nous en tenir au texte biblique, à la demande d'avoir des enfants, Rachel l'a fait à Jacob et non à Dieu. Cependant, si elle l'avait aussi fait à Dieu, après avoir parlé à son mari, et reçu la réponse négative, cela ne peut être affirmé, encore moins nié.

Nous considérons comme vrai que Rachel, en plus de demander à son mari d'avoir des enfants, est également arrivée à Dieu. Même si Dan lui avait donné naissance Bilah, Rachel le considérait comme son fils, en raison d'un fait précis, à savoir: Dieu, il avait écouté sa voix. Nous avons tous les éléments pour faire des réflexions précises de nature spirituelle.

Quand une personne se tourne vers Dieu pour quoi que ce soit, il n'est jamais trop occupé pour ne pas écouter cette voix qui fait des demandes spécifiques. On sait avec certitude que Dieu, en plus d'écouter la voix du suppliant, est toujours disponible pour venir en sa faveur et pour donner à celui qui le supplie ce dont il a besoin. Il ne s'agit pas seulement de personnes qui vivaient dans l'Antiquité, mais aussi d'individus vivant dans le présent, à notre époque.

Puis Bilah, la servante de Rachel, conçut à nouveau et donna naissance à un deuxième enfant.

Rachel a alors déclaré: "J'ai combattu de grands combats avec ma sœur et j'ai gagné." Ainsi appelé ò Naphtali (Genèse 30: 7-8) (ce qui signifie *mon lotta*).

Le fait que Rachel nomme clairement sa sœur, dans le combat qu'elle avait eu, on penserait qu'il s'est disputé avec elle. Cependant, selon le texte biblique, il n'y a rien de tout cela. Mais alors, Rachel disait-elle un mensonge, c'est-à-dire un mensonge? Pas du tout! À quel niveau Rachel s'était-elle battue avec sa sœur et l'avait-elle gagnée? Certes, pas sur le plan physique, avec un bâton à la main ou avec une barre de fer, mais sur celui de la pensée et de la hauteur, en donnant sa servante à son mari. Puisque c'était d'elle que Rachel avait Dan et Naphtali, elle se considérait à juste titre comme victorieuse dans le combat qu'elle avait mené avec sa sœur. Le résultat était évident, non seulement pour Rachel mais aussi pour Léa.

L'initiative de Léa

Depuis que Leah avait cessé d'avoir des enfants, non pas parce qu'elle était fatiguée d'accoucher ou parce qu'elle n'avait plus le désir de donner plus d'enfants à Jacob, mais parce qu'elle ne pouvait plus concevoir, et, compte tenu de ce que sa sœur avait fait en donnant son serviteur comme épouse à Jacob, elle aussi fut émue de suivre l'exemple de Rachel.

Voyant qu'il avait cessé d'avoir des enfants, il prit sa servante Zilpa et la donna à Jacob pour femme.

Le serviteur de Zilpa Leah enfanta un fils à Jacob.

Et Léa a dit: quelle chance! ». Et il l'a nommé Gad, ce qui signifie que le *bonheur est venu* (Dictionnaire biblique) Genèse 30:9-11).

Avec le nom que Léa donne au fils né de sa servante, elle signifie: mon initiative a été couronnée de succès; Gad, est la preuve du succès de mon plan, donc je considère que tout l'affaire est une *fortune*. Pour elle, la chance ne consistait pas à avoir plus d'argent; plus de revenus, mais en nombre d'enfants. Si elle avait une telle persuasion, même si son fils nouveau-né avait donné naissance à Zilpa, son serviteur le considérait néanmoins à toutes fins utiles, Leah sans le savoir, a affirmé les paroles de (Psaume 127.3): *Voici, les enfants, ils sont un l'héritage de l'Éternel; le fruit de l'utérus, un prix*, et il pouvait considérer le descendant comme une vraie fortune. Au fur et à mesure de la conclusion de l'accord, Leah a continué à donner à son mari Zilpa comme épouse, afin qu'elle puisse *porter un deuxième fils à Jacob.*

Et Léa a dit: «Que je suis heureuse! Parce que les femmes me diront bienheureuse ». C'est pourquoi il lui a donné le nom Asher, (Genèse 30:12-13) dont la signification est *heureuse.*

Le bonheur de Léa consistait dans l'accomplissement de son désir. Alors que le désir d'avoir un autre enfant se réalisait, pour exprimer toute sa joie et sa satisfaction, il ne put s'empêcher de le dire par le nom qu'il lui avait donné.

Avec ce dernier enfant, l'histoire des quatre fils de Jacob nés des deux serviteurs, Bilah et Zilpa, se termine.

En lisant cette histoire telle que la présente le livre de la Genèse, aucun effort n'est gaspillé pour constater une certaine compétition qui se manifeste dans les actions des deux sœurs, Rachel et Léa. Les compétitions, quel que soit leur niveau, reviennent généralement au profit de tiers, car ce sont eux qui en profitent le plus. Il n'est pas difficile, de nos jours, de remarquer une certaine concurrence: «qui peut mieux faire les choses, les faire» ou «qui peut mieux faire, n'hésitez pas à les faire».

Tout ce qui se fait en termes de compétition ne vise qu'à mettre en valeur les capacités humaines: la culture, l'intelligence et savoir faire les choses mieux que les autres. Même si tous ceux qui sont engagés dans le travail du ministère (d'une manière particulière) ou dans des activités sociales, peuvent affirmer: *j'ai lutté plus que tous*, néanmoins pour ceux qui ne sont pas tellement intéressés par l'exaltation de la personne humaine, il est aussitôt ajouté *non pas moi, cependant, mais la grâce de Dieu qui est avec moi* (1 Corinthiens 15:10).

En parlant et en agissant de cette manière, on ne cherche pas sa propre gloire, *mais celle qui vient de* Dieu (Jean 5:44). Le seul qui mérite louange et gloire, est un seul: le grand des grands; le Seigneur, le Tout-Puissant, qui était, qui est et qui est à venir, le Seigneur et Sauveur Jésus-Christ, le puissant des puissants et élevés exalté, a été *béni pour toujours* (Romains 9:5). Amen!

2. AUTRES ENFANTS NÉS À LEA

À la fin de la récolte de blé, Ruben sortit et trouva des mandragores dans les champs et les apporta à sa mère Léa. Alors Rachel dit à Léa; «Oh, donne-moi quelques-unes des mandragores de ton fils!

Elle a répondu: "Cela vous semble-t-il une petite chose pour vous d'avoir pris mon mari, que maintenant vous voulez aussi prendre les mandragores de mon fils?" Rachel lui dit: "Eh bien, en échange des mandragores de ton fils, il va coucher avec toi ce soir."

Quand Jacob revint des champs dans la soirée, Léa sortit à sa rencontre et lui dit: "Tu dois entrer chez moi, parce que je t'ai coincé avec les mandragores de mon fils." Alors cette nuit-là, il s'est couché avec elle.

Alors Dieu entendit Léa, qui conçut et enfanta un cinquième fils à Jacob.

Et elle a dit: "Dieu m'a donné ma récompense, parce que j'ai donné mon serviteur à mon mari." Et il l'a appelé Issacar (Genèse 30:14-18), dont le sens est *prix*.

Les mandragores que Ruben, fils de Léa, (à cette époque il devait avoir environ 5-6 ans) trouvèrent dans les champs au moment de la récolte du blé, étaient connues depuis l'Antiquité comme des aphrodisiaques. Il convient de rendre compte précisément de ce fruit, afin de mieux comprendre le texte biblique. Avant d'entrer dans la description des mandragores, nous donnons ci-dessous la définition linguistique, telle que nous la détectons dans le GDLI (Grand Dictionnaire de la Langue Italienne) de S. Battaglia.

«Plante vénéneuse de la famille des Solanacées, à grandes feuilles ondulées qui tombent en été; fleurs blanches ou violettes; fruits à baies; racine très grande et ramifiée, d'aspect anthropomorphe; elle est répandue dans les bois des régions méditerranéennes et autrefois, en raison de la forme particulière de la racine, elle était considérée comme une plante monstrueuse, dotée de vertus magiques et aphrodisiaques. - Aussi la racine ou le fruit de cette plante». À son tour, le terme aphrodisiaque signifie:

«qui excite le contact sexuel. Pharmacologiquement: substance qui excite le stimulus sexuel.

«Leur curieuse racine, pour cette forme qui rappelle largement celle humaine, contient une grande part comme un sortilège dans la superstition de tous les temps et de tous les peuples. Même leurs fruits, avec une odeur très âcre et semblable à de minuscules pommes, appelées aphrodisiaques ». En raison de leur caractéristique de désir croissant, ils sont recherchés par Rachel qui, oui, aimée de Jacob, mais qui est toujours sans enfant.

Le fait que ce fruit ait été retrouvé par Ruben, le garçon âgé de 5 ou 6 ans, ne signifie pas qu'il connaissait les vertus de ce que l'on croyait avoir. Mais quand les mandragores arrivèrent entre les mains de Léa et Rachel, qui les cherchait désespérément, en apprit, elle qui en avait entendu parler, fit tout pour les obtenir, pensant pouvoir résoudre le problème de sa stérilité, qui le tourmentait jour et la nuit.

Léa connaissait également les mandragores pour le stimulus sexuel qu'elles produisent, et si elle n'avait pas conclu un accord avec sa sœur, elle ne l'aurait pas facilement donné à Rachel, pas tellement parce que son fils Ruben les lui avait donnés, alors qu'en raison de l'effet qu'il a eu sur la vie sexuelle. Elle aussi, qui avait toujours faim de rapports sexuels pour donner naissance à d'autres enfants, quand Rachel lui proposa de passer une nuit avec Jacob, sans réfléchir à deux fois, donna les mandragores à Rachel. Le soir, quand Jacob est revenu des champs, n'ayant aucune autre pensée dans sa tête, Léa va à sa rencontre et lui dit: *«Tu dois entrer chez moi, car je t'ai coincé avec les mandragores de mon fils». Alors cette nuit-là, il a couché avec elle* (Genèse 30:16).

À ce stade, le texte précise que si *D* io n'avait pas *accompli Léa*, la conception n'aurait pas eu lieu et il n'y aurait pas eu non plus la naissance qui aurait marqué la naissance. Par conséquent, en vue de cet accomplissement divin, Léa appelle le fils qui lui est né Issacar, = prix, en précisant: *"Dieu m'a donné ma récompense, parce que j'ai donné mon serviteur à mon mari "*. Par conséquent, la reconnaissance de l'intervention divine dans notre vie est toujours d'un grand bénéfice pour notre expérience chrétienne.

Une fois que Dieu a entendu Léa, en la rendant féconde, elle n'a eu aucune difficulté à concevoir à nouveau et à donner naissance au sixième fils de Jacob. A cette naissance, Léa lui donne le sens d'avoir reçu *une bonne dot de Dieu*, alors elle lui donne le nom de Zabulon, *= ma maison*, en espérant que cette fois son mari *habiterait avec elle*. Le texte conclut qu'après cela, Léa donnera naissance à une fille et l'appellera Dina *= jugement.*

Si nous résumons ce que nous avons dit à propos de Leah pour les six fils et une fille qu'elle a donné naissance à Jacob, nous pouvons souligner des aspects spécifiques qui serviront sûrement d'enseignement pour tous. Les réflexions que nous avons déjà faites sur la vie de Léa, en ce qui concerne l'histoire de ses enfants, nécessitent des éclaircissements et des précisions supplémentaires.

1) Bien que ce n'était pas son intention de prendre Jacob comme son mari; depuis que son père l'a forcée à coucher avec lui, à devenir sa femme légitime; compte tenu de sa sincérité et de son honnêteté pour ce que Laban a conçu d'elle, (probablement contre sa volonté), Leah a été récompensée pour l'abondance d'enfants qu'elle portait à Jacob, bien qu'il y ait eu une rivalité impitoyable de Rachel contre ses comparaisons.

Qu'il n'y avait pas d'harmonie parfaite entre Rachel et Léa peut être vu avec suffisamment de clarté à partir des attitudes que ces deux femmes ont prises, quant au «vrai droit» d'avoir Jacob pour lui tout seul. Bien que Rachel puisse affirmer sa raison, sur la base du fait que Jacob l'avait choisie et non sa sœur Leah comme épouse légitime et que s'il était plus tard forcé d'avoir Léa comme épouse également, Jacob était sûr qu'elle ne correspondait pas avec elle ses plans originaux, mais qui est devenu plus tard une nécessité, en raison des événements inattendus qui se sont produits.

2) D'un autre côté, c'est-à-dire en ce qui concerne Leah, voyant que Jacob avait accepté la nouvelle situation qui s'était présentée devant lui en prenant Léa comme épouse légitime, même si cela ne le faisait pas de son libre choix mais sur l'imposition de Laban, cependant, une fois que Leah est entrée pleinement dans la vie et la famille de Jacob, les six hommes et une femme qu'elle avait, étaient un témoignage clair, que personne ne pouvait nier, que si cela s'était produit, ce n'était pas seulement parce que Leah avait trouvé grâce auprès de Dieu, la rendant continuellement féconde, mais aussi parce que Jacob était un véritable allié dans ce processus d'événements.

3) D'après les attitudes respectueuses et soumises que Leah a montrées dans sa vie envers Jacob, même si c'était à travers les enfants qu'elle avait, il n'était pas clair ce qu'elle espérait sincèrement. Dans le nom qu'elle lui a donné, cependant, l'espoir qu'un jour les choses seraient adoucies, il n'a jamais abandonné et n'a même pas cessé de nourrir ses sentiments.

Enfin, le fait que Léa ait raconté à Dieu toutes ses vicissitudes et la mauvaise humeur qu'il y avait avec sa sœur Rachel, prouve qu'elle était un échelon supérieur, dans l'échelle de la confiance en Dieu, pour lui permettre de recevoir la force d'en haut, de continuer sur le chemin de la vie.

3. DIEU SE RAPPELLE RACHELE ET DONNE SON FILS

Fermé le cycle de Léa, pour ce qui concernait l'histoire des enfants,

Dieu s'est aussi souvenu que Rachel avait fait fructifier la chose, alors elle a conçu et a donné naissance à un enfant, et a dit: "Dieu a enlevé mon déshonneur."

Et il l'appela Joseph, en disant: "Le Seigneur m'ajoute un autre fils." Genèse 30:22-24).

Rachel pensait qu'avec les mandragores qu'elle avait obtenues de sa sœur Leah, le miracle serait accompli dans sa vie, mais ce ne fut pas le cas. Comme chacune de ses tentatives n'a pas atteint son but, et pour ne pas continuer à vivre dans cet état d'exaspération, il a finalement décidé de remettre l'affaire entre les mains de Dieu et d'en faire l'objet de prière.

Maintenant que Rachel a pris le bon chemin et a changé d'attitude, Dieu l'a entendue et l'a rendue féconde, afin qu'elle puisse concevoir et donner naissance à un fils. C'est toujours la même chose pour toutes choses. Quand on comprend et décide de placer sa confiance en Dieu et de lui laisser le contrôle des différentes situations, il ne manquera pas d'intervenir en faveur de ceux qui ont adopté une telle attitude.

Dieu a toujours répondu à ceux qui s'abandonnent entre ses mains et croient en l'intervention miraculeuse. Si Rachel était stérile, cette condition ne lui permettrait pas d'avoir des enfants. C'est le Tout-Puissant, c'est-à-dire Celui qui peut tout faire, qui a guéri la stérilité de Rachel, lui permettant de concevoir et d'accoucher. À la suite de ce miracle, Rachel n'a plus aucun doute, mais elle peut aussi dire avec force et fermeté: *Dieu a supprimé mon déshonneur.*

Mais quel était son déshonneur? Il n'avait rien fait de déshonorant avec une conduite malsaine et perverse. Elle était restée chaste envers son mari et n'avait aucune idée de changer d'homme. Selon la croyance de l'époque, lorsqu'une femme mariée n'avait pas d'enfants, elle était considérée sous la malédiction de Dieu, une personne indigne de la faveur divine.

La honte et le reproche qu'il a subis pour ce traitement de la part de la société étaient extrêmement grands. Avec la naissance de Joseph, puisque les choses ont changé, Rachel peut maintenant lever la tête et donner grâce à Dieu, pour le miracle qu'Il a accompli en elle.

Si le résultat de l'accomplissement divin est correctement considéré, il représente l'espoir pour l'avenir. En fait, son nom signifie *qu'il* (c'est-à-dire que *Dieu ajoutera*. Rachel quand elle a donné ce nom à son premier enfant, elle a manifesté l'espoir que Dieu lui ajouterait un autre enfant. Même si elle a dû attendre un peu pour l'avoir, néanmoins Benjamin était le fils qui rejoignit Joseph.

Il a toujours été et sera toujours que les choses que Dieu fait dans la vie humaine apportent honneur et gloire à Son Saint Nom. Amen!

Chapitre 9

COMINCIA UN NUOVO CAPITOLO PER GIACOBBE E LA SUA FAMIGLIA

Avec l'affaire des enfants close, qui a marqué de façon marquée la vie des deux épouses de Jacob, un nouveau chapitre s'ouvre devant lui en ce qui concerne la partie économique de la famille.

Après que Rachel a donné naissance à Joseph, Jacob a dit à Laban: «Laisse-moi partir, pour que je puisse aller chez moi, dans mon pays.

Donnez-moi mes femmes et mes enfants, pour lesquels je vous ai servi et laissez-moi partir; puisque vous connaissez bien le service que je vous ai rendu ».

Mais Laban lui dit: "Si j'ai trouvé grâce à vos yeux, restez, car j'ai vu de première main que le Seigneur m'a béni pour vous."

Puis il a dit: "Fixez-moi votre salaire et je vous le donnerai."

Jacob lui répondit: «Tu sais comment je t'ai servi et ce qui est arrivé à ton bétail entre mes mains.

Car ce que vous aviez avant mon arrivée était petit, mais maintenant il a beaucoup augmenté; et le Seigneur vous a béni partout où je suis allé. Mais maintenant, quand vais-je aussi travailler pour ma maison? " (Genèse 30:25-30).

Tout d'abord, il faut partir du fait que, si Jacob n'avait pas dit à son beau-père qu'il voulait retourner à Canaan, chez lui, dans son pays, où vivent ses parents, on parle du salaire pour Jacob serait à peine sorti. Se référant au retour dans son pays natal, il est précisé que, pendant son séjour de quatorze ans à Paddan-aram, dans la maison de Laban, il n'a pas oublié qu'il se trouvait dans un pays étranger, hors de chez lui et de son pays.

La nostalgie de sa maison et de son pays, bien qu'ayant créé une grande famille à Paddan-Aram, ne s'était pas évanouie de son esprit. Celui qui est venu seul, son bâton à la main (comme on dirait), veut revenir avec ses deux femmes et ses enfants. Même si Rachel et Léa étaient ses épouses légitimes et que tous les enfants qui leur sont nés lui appartenaient, en demandant la permission au beau-père s'il peut partir avec tout ce qui lui appartient, c'est-à-dire les épouses et les enfants, en réalité Jacob garde à l'esprit l'état où il se trouve, avec son beau-père Laban.

Puisque Jacob était sous la dépendance de Laban et ne peut faire appel à sa propre autonomie, parce qu'en fait il ne l'a pas fait, et, surtout en pensant que son beau-père aurait pu se prévaloir du droit légal de considérer tout ce qui appartenait à Jacob, épouses et enfants, sa propriété, il aurait été facile de l'empêcher, et Jacob n'aurait rien pu faire pour s'y opposer (ce que Laban a revendiqué plus tard quand il a affirmé la propriété de tout ce qui appartenait à Jacob, (Genèse 31:43).

En agissant de cette manière, Jacob a montré un comportement qui reflétait sa faiblesse d'une part, mais d'autre part, soulignait sa prudence. Agir avec prudence n'est pas une faiblesse, mais de la perspicacité. La vraie force n'est pas d'imposer sa volonté et d'ignorer les problèmes qui peuvent survenir, mais plutôt de les empêcher de les soulever.

Le raisonnement de Jacob de vouloir retourner dans son pays nous offre une bonne occasion de faire une réflexion utile. Il faut toujours se souvenir (comme Jacob lui-même l'a admis plus tard (cf. 47, 9) que les croyants, pendant leur séjour sur terre, sont des étrangers et des pèlerins, c'est-à-dire qu'ils n'ont pas de domicile fixe. Leur situation réelle pourrait bien être pour définir «les résidents sans citoyenneté». Tout en vivant dans le monde, ils ne sont pas du monde, mais appartiennent à Celui qui les a appelés hors du monde, à le suivre (Jean 15:19; 17:16).

S'ils expriment le désir de quitter cette terre pour *aller vivre avec le Seigneur* (2 Corinthiens 5: 8), et être *avec le Christ, ce serait bien mieux* (Philippiens 1:23), ils ne le disent pas par pure nostalgie sentimentale, mais sur la base de ce que Jésus a déclaré qu'il *y a de nombreuses demeures dans la maison de son Père* et qu'Il irait *devant elles pour les préparer,* afin qu'il puisse les assigner à chacune d'elles (Jean 14: 2-3). Au vu de ce but sublime, quand ils sentent que l'heure de leur retour à la maison approche, ils sont prêts à prendre leur envol, ne pensant qu'à la "couronne" que le *juste juge* leur attribuera (2 Timothée 4:6-8).

Laban exprime des sentiments de gratitude et de gratitude envers Jacob

Lorsque Laban apprend que Jacob veut retourner dans son pays, il exprime clairement ses sentiments de gratitude à son égard. Il admet fermement qu'il a *touché le Seigneur de première main* et que s'il était *béni*, c'était à *cause* de Jacob. Une démonstration similaire de sympathie, d'appréciation et de gratitude, qu'il n'avait jamais manifestée auparavant au cours de ses 14 années de service avec lui, a incité Laban à supplier Jacob de *rester* avec lui à nouveau, prêt à lui donner un salaire basé sur ce qu'il aurait été nécessaire de lui. Jacob pour sa part, qui sait que le bétail de son beau-père, *qui* était *juste* avant son *arrivée, a beaucoup grandi*, et voyant que cette fois il n'y a pas d'épouses, mais son avenir économique, lui précise: *"Il ne faut pas ne me donnez rien; si vous faites ce que je vais vous dire, je resterai pour faire paître vos troupeaux et prendre soin d'eux* (Genèse 30:31).

La demande spécifique de Jacob à Laban

Comme son beau-père est vraiment disposé à lui donner une juste récompense qu'il ne lui avait jamais payée, il fait sa demande précise, ce qui semble très étrange aux oreilles de Laban.

Aujourd'hui, je passerai par tous vos troupeaux et je mettrai de côté tous les animaux mouchetés et mouchetés et tous les noirs parmi les agneaux, et les têtes mouchetées et mouchetées parmi les chèvres. Et ces animaux seront mon salaire.

Donc, à partir de maintenant, ce sera mon honnêteté de répondre devant vous pour moi, lorsque vous viendrez vérifier mon salaire. Toute tête non tachetée ou pointillée parmi les chèvres et noire parmi les agneaux sera considérée comme volée, si elle est trouvée avec moi ».

Laban a dit: "Eh bien, que ce soit comme tu le dis!" (Genèse 30:32-34).

Face à une demande similaire que Jacob fait à son beau-père, sans attendre un peu de temps pour réfléchir pour l'évaluer, Laban accepte aussitôt sans réserve tout ce qui lui a été proposé, convaincu que cette demande est très étrange à satisfaire. Puisque Laban n'aura pas à mettre la main dans sa poche pour payer son gendre avec de l'argent ou avec la tête de son bétail, car tout aurait complètement dépendu d'un avenir très étrange et incertain, il répond aussitôt sans aucune hésitation: *"Eh bien, qu'il en soit ainsi que tu dis!"*

De plus, l'accord n'indiquait pas qu'à partir de ce moment-là, le bétail trouvé tacheté, moucheté ou noir appartenait à Jacob, mais servait seulement à indiquer à Laban quel troupeau serait considéré comme la propriété de Jacob. La forme future, *et ces animaux seront mon salaire*, ne laisse aucun doute. Si Jacob avait demandé tout le bétail tacheté, tacheté ou noir comme salaire, le montant du salaire pourrait être évalué, à partir de la sélection et de la séparation qui ont été faites ce jour-là.

Mais comme les pactes de l'accord stipulaient clairement qu'à partir de ce jour, tous les animaux qui naîtraient avec les caractéristiques décrites seraient considérés comme Jacob, Laban pouvait se considérer satisfait de cette proposition, car elle concernait l'avenir et non le présent. La question de savoir si l'avenir serait un succès pour Jacob était tout à voir, car les cas d'animaux unicolores produisant des vêlements tachetés et mouchetés sont très rares.

Le travail de "sélection" et de "séparation" se fait aussitôt, et, pour donner une plus grande garantie au pacte établi, les deux groupes de troupeaux, celui composé entièrement d'animaux unicolores et celui composé de mouchetés, pointillés et noirs des bêtes, est placé à la distance de *trois jours de marche* (Genèse 30:36) l'un de l'autre. Jacob s'occupe du troupeau unicolore et celui tacheté et moucheté est confié aux fils de Laban. Puisqu'il y a cette énorme distance de *trois jours de marche* entre un troupeau et un autre, (par précaution pour éviter toute tromperie éventuelle de Jacob), Laban peut rentrer chez lui, avec une certaine sécurité et tranquillité. Les termes de l'accord sont suffisamment précis pour donner aux deux parties d'amples garanties. Laban a le droit d'effectuer des inspections à tout moment, de vérifier l'honnêteté de Jacob et Jacob peut à son tour se mettre au travail, de mettre en œuvre le plan qui lui a été proposé.

La stratégie de Jacob

Selon quels critères Jacob a-t-il pensé utiliser cette méthode étrange qui n'avait jamais été pratiquée par personne et même pas par lui-même dans le passé, nous ne sommes pas informés. Quelqu'un a affirmé que:

> «Les artifices utilisés par Jacob pour se procurer, dans des conditions aussi défavorables, un gros profit, la façon dont il se moque du sournois Laban, donnent en effet l'impression qu'on est face à une farce; leur complexe, pris en lui-même, pourrait être assimilé pour autant que le genre littéraire l'est à une histoire humoristique ». Enfin: "Le plan part d'une croyance très ancienne et largement répandue dans l'effet magique de certaines impressions visuelles qui, chez l'homme et l'animal, passeraient des femmes enceintes à leurs fœtus et pourraient les influencer de manière décisive».[5]

S'il s'était référé à l'expérience de quelqu'un dans le passé, son initiative pourrait être définie comme «imitative», en ce sens qu'il aurait fait ce que les autres avaient vécu. Puisqu'il

---

[5] G. Von Rad, *Genesi*, pagg. 404,405

n'y avait aucun précédent dans l'histoire, il s'agissait d'une «innovation» vraiment sans précédent. Pour donner une évaluation juste et une interprétation équilibrée du texte biblique, sans recourir à des `` croyances très anciennes '' (même si celles-ci ne peuvent être complètement exclues), il faut garder à l'esprit que Jacob était un croyant, au sens le plus concret que ce terme a. C'est-à-dire qu'il croyait au vrai Dieu, Celui qui à Béthel lui avait fait une promesse claire de bénédiction, non seulement pour sa vie personnelle mais aussi pour ses descendants, concernant non seulement la vie spirituelle mais aussi matérielle.

Si cet élément est dûment pris en compte, l'intervention de Dieu en faveur de cet homme ne peut être exclue, en lui donnant des idées claires pour réaliser ce qu'il avait proposé de faire. Le fait même que sa stratégie ait été très réussie, c'est-à-dire qu'elle a réussi dans l'intention et le but, est en soi la preuve qu'il y avait une main divine dirigeant et contrôlant les choses. Il ne s'agit donc pas de penser à une action «magique»; il s'agit plutôt de voir la foi de Jacob en action dans cette stratégie qui est la sienne.

Jacob prit des bâtonnets de *peuplier vert, d'amande et de platine* (Genèse 30:37) *et fit des aboiements blancs, exposant le blanc des bâtonnets. Puis il plaça les verges qu'il avait pelées, en vue des moutons dans les auges, c'est-à-dire dans les auges, où les troupeaux venaient boire; et les animaux sont* devenus chauds *quand ils sont venus boire* (Genèse 30:38).

Cela a eu un effet puissant sur la vie des bêtes, avec pour résultat qu'elles ont donné naissance à des têtes rayées, marbrées et mouchetées. Et puisque Jacob a fait ce travail devant les animaux vigoureux, il s'est avéré que le troupeau vigoureux a donné naissance à des animaux striés, mouchetés et mouchetés, tandis que les plus faibles produisaient des animaux d'une seule couleur. Ainsi, le bétail de Jacob s'est développé de façon spectaculaire, de sorte qu'il *est devenu extrêmement riche et a eu un grand nombre de troupeaux, de bonnes, de serviteurs, de chameaux et d'ânes* (Genèse 30:43).

Si une synthèse doit être faite de tout le travail de Jacob pendant les six années où il a agi de cette manière, elle peut se matérialiser dans le changement d'attitude et de vision qui se présentait à lui.

L'attitude de Jacob semble certaine, pas tremblante; c'est-à-dire, non parsemé de doutes et d'incertitudes, mais avec la pleine conscience que ce qu'il voulait se produira pleinement. Si nous gardons à l'esprit que la vraie foi est: la *certitude des choses non vues et la démonstration des choses que l'on espère* (Hébreux 11:1), alors nous pouvons mieux comprendre comment cette foi a fonctionné dans la vie de Jacob. Enfin, si l'on tient compte de ce qu'il a lui-même pu témoigner:

Une fois, au moment où les troupeaux sont entrés en chaleur, j'ai levé les yeux et j'ai vu dans un rêve que les chèvres chevauchant les femelles étaient striées, marbrées et marbrées.

Et l'ange de Dieu m'a dit dans un rêve: "Jacob!" J'ai répondu: "Me voici".

Il a alors dit: «Maintenant, levez les yeux et voyez; tous les béliers que montent les femelles sont striés, marbrés et marbrés, parce que j'ai vu tout ce que Laban vous fait.

Je suis le Dieu de Béthel, où tu m'as oint une pierre et m'as fait un vœu (Genèse 31:10-13),

On peut clairement voir et comprendre l'intervention de Dieu au nom de Jacob. Quand on se fie aux promesses de Dieu et agit avec une vraie foi, il est impossible que ce que Dieu dit reste dans le vide, c'est-à-dire ne se réalise pas.

Nous apprenons de Jacob à voir les choses avant qu'elles ne se réalisent. Seigneur, aide-nous!

Chapitre 10

LE RETOUR DE JACOB AU CANAAN

Jacob entendit alors les paroles des fils de Laban disant: «Jacob a pris tout ce qui appartenait à notre père; et avec ce qu'était notre père, il a fait toute cette richesse ».

Jacob remarqua également le visage de Laban; et voici, pour lui ce n'était plus ce qu'il était avant.

Alors le Seigneur dit à Jacob: "Retourne au pays de tes pères et de tes parents, et je serai avec toi" (Genèse 31:1-3).

Le désir et la volonté exprimés par Jacob six ans plus tôt ne réapparaissent pas devant lui parce que les mêmes pensées sont revenues circuler dans son esprit, non; cette fois, un nouvel élément a été ajouté qui a fait la différence. Dans la mémoire du passé, c'est Jacob qui a exprimé la volonté de retourner à Canaan, cette fois c'est Dieu qui lui ordonne de le faire.

À Béthel, Dieu avait promis à Jacob d'être avec lui, de le protéger partout où il allait et de le ramener dans sa patrie. Après quatorze ans de service pour avoir les deux filles de Laban (dont une, Léa, contre sa volonté) comme épouses, Jacob avait exprimé sa décision de quitter Paddan-aram et de retourner à Canaan, le pays de ses pères. Si Laban avait consenti sans faire aucune objection à son départ, Jacob serait retourné dans sa patrie avec deux femmes et treize enfants et rien d'autre. Du caractère avare de Laban, il n'aurait pas été facile pour Jacob de percevoir une certaine récompense, pour le bien économique qu'il avait obtenu pour lui, compte tenu de l'énorme croissance du bétail, grâce à sa gestion.

Compte tenu de tout cela, Jacob rentrait chez lui, les yeux pleins et les mains vides, comme on dirait en termes proverbiaux. Cependant, toutes ces choses ne seraient pas conformes à ce que Dieu lui avait promis à Béthel. La bénédiction que Dieu lui avait promise ne se référait pas seulement à la croissance de ses descendants (et ce Jacob pouvait entrevoir à travers les douze fils qui lui étaient nés, ce qui représentait une prémisse claire pour cet accomplissement) mais concernait également l'aspect économique, qui dans l'état dans lequel Jacob était alors, il n'y avait aucune perspective.

Dieu dirige les événements de telle manière que tout pourrait bien se passer pour Jacob et que sa promesse s'accomplirait dans sa vie. La proposition même que Jacob fait à Laban de rester avec lui et de continuer son travail comme avant, ne pouvait certainement pas la faire dépendre de son ingéniosité. Cela a dû être une illumination divine reçue d'en haut, qui a mis Jacob dans cette condition, même s'il ne pouvait pas lui-même comprendre la signification de sa proposition dans le but du résultat qui a suivi.

Cependant, sur la base de ce qui s'est passé, il faut reconnaître que toute l'affaire était sous le contrôle de Dieu et qu'Il dirigeait les événements de manière à déverser une grande bénédiction sur la vie de Jacob et de sa famille, le rendant riche. Le fait que Dieu ordonne à Jacob de retourner dans sa patrie après avoir acquis cette énorme richesse est un autre élément dont il faut tenir compte. Sur la base de ce que dit le texte biblique sur le mécontentement qui avait surgi entre Laban et Jacob, de sorte qu'il n'y avait plus cette relation cordiale comme auparavant, on est tenté de se demander: est-ce ce nouvel état de choses qui a déterminé la décision de Dieu d'ordonner à Jacob de quitter Paddan-aram et de retourner à Canaan?

Sans aller trop subtil pour savoir si Dieu dans Ses choix est conditionné par les événements qui se produisent, nous pouvons dire sans crainte d'être niés que Dieu, étant souverain dans ses choix, ne peut pas être influencé par quelque chose qu'Il ne pourrait pas contrôler. Le mécontentement qui s'était élevé entre Laban et Jacob n'était certainement pas une condition qui aurait pu favoriser la poursuite de l'activité de Jacob; en effet, sans doute, cela aurait pu aboutir à quelque chose de plus grave, en ce sens que des querelles sérieuses auraient pu surgir avec toute la famille de Laban, exposant Jacob à un grave danger.

Puisque Dieu n'est pas seulement souverain mais aussi omniscient, en ce sens qu'il voit et sait toutes choses, avant même qu'elles ne surviennent, l'ordre qu'il donne à Jacob de retourner dans sa patrie représente la sauvegarde et la protection de son serviteur. En précisant que Dieu serait avec Jacob sur le chemin du retour, l'Éternel voulait fondamentalement lui dire: comme j'ai été avec vous pendant toutes ces vingt années loin de la maison de vos pères, je m'engage à l'être encore, jusqu'à ce que je l'aie fait tout ce que je vous ai dit.

Ainsi, l'assurance de la compagnie de Dieu serait certaine, et Jacob pourrait compter sur la fidélité de Dieu et la véracité de sa parole.

Jacob se sent le devoir de communiquer à ses femmes ce que Dieu lui a dit

Depuis que Dieu s'était révélé à Jacob, ses deux épouses, Rachel et Léa, ne savaient rien de cette révélation divine particulière. On ne peut pas dire (puisque le texte biblique ne le dit pas) que Dieu a commandé à Jacob de faire également la connaissance de ses femmes. Cependant, Jacob, comme un bon mari qu'il était, ne pouvait pas garder pour lui ce que Dieu lui avait dit, aussi parce que cela ne concernait pas seulement lui-même, mais toute sa famille.

Jacob envoya chercher Rachel et Léa, pour venir dans les champs, dans son troupeau,

Et il leur dit: «Je vois que le visage de votre père vers moi n'est plus le même qu'avant; mais le Dieu de mon père était avec moi.

Et tu sais que j'ai servi ton père de toutes mes forces, tandis que ton père m'a trompé et a décuplé mon salaire; mais Dieu ne lui a pas permis de me blesser.

S'il disait: «Les têtes mouchetées seront votre salaire», tout le troupeau donna naissance à des agneaux mouchetés. Et s'il disait; "Les têtes rayées seront votre salaire", tout le troupeau a donné naissance à des agneaux rayés.

Alors Dieu a pris le bétail de votre père et me l'a donné.

Une fois, au moment où les troupeaux sont entrés en chaleur, j'ai levé les yeux et j'ai vu dans un rêve que les chèvres chevauchant les femelles étaient striées, marbrées et marbrées.

Et l'ange de Dieu m'a dit dans un rêve: "Jacob!". J'ai répondu. "Je suis ici!"

Il a alors dit: «Maintenant, levez les yeux et voyez; tous les béliers que montent les femelles sont striés, marbrés et marbrés, parce que j'ai vu tout ce que Laban vous fait.

Je suis le Dieu de Béthel, où vous avez oint une pierre et m'avez fait un vœu. Maintenant levez-vous, quittez ce pays et retournez dans votre pays natal »».

Rachel et Léa répondirent et lui dirent: «Avons-nous encore une part et un héritage dans la maison de notre père?

Ne nous a-t-il pas traités comme des étrangers parce qu'il nous a vendus et a aussi mangé notre argent?

Toutes les richesses que Dieu a ôtées à notre père sont les nôtres et nos enfants; maintenant, faites donc tout ce que Dieu vous a dit » (Genèse 31:4-16).

Une fois la communication faite et approuvée par ses épouses, Jacob n'a aucune raison de rester immobile à Paddan-Aram, au contraire il part aussitôt. Il met ses enfants et ses femmes sur des chameaux, prend tout ce qui lui appartient, et commence ainsi le voyage de la famille à Canaan. Le déménagement de Jacob avec sa famille ayant eu lieu en secret, c'est-à-dire sans prévenir Laban, la réaction de ce dernier ne pouvait pas échouer. En fait, quand le troisième jour il en apprit, sans tarder, il emmena ses frères avec lui et commença à chasser Jacob qui, au bout de sept jours, le rattrapa alors qu'il campait au mont Galaad (Genèse 31:23).

Connaissant le caractère de Laban et ce qu'il était capable de faire à Jacob, Dieu intervient dans un rêve la nuit et lui dit: *"Attention à parler à Jacob, ni pour le bien ni pour le mal"* (Genèse 31:24). Cette façon de parler que Dieu fait avec Laban, dénote clairement le grave danger qui menaçait Jacob et sa famille et s'il n'était pas intervenu, Jacob aurait payé lourdement cet acte d'*échapper* à Laban, emportant la cellule familiale et tout ça qui lui appartenait. Il n'est pas possible de penser que lorsque la vie d'un enfant de Dieu est sérieusement menacée, il (Dieu) restera silencieux sans s'intéresser à ce cas. S'Il l'a fait pour Jacob à cette époque lointaine, Il le fera aussi aujourd'hui pour le sien.

La rencontre entre Laban et Jacob

Alors Laban dit à Jacob: «Qu'avez-vous fait en me trompant de cette manière et en enlevant mes filles comme prisonnières de guerre?

Pourquoi t'es-tu faufilé et t'es-tu faufilé loin de moi, sans même me prévenir Je vous aurais accueilli avec joie et avec des chants, au son du tambourin et de la lyre.

Et vous ne m'avez pas laissé embrasser mes fils et mes filles! Vous avez agi bêtement.

Maintenant, il est en mon pouvoir de vous faire du mal; mais le Dieu de votre père m'a parlé la nuit dernière, en disant: "Méfiez-vous de parler à Jacob ni pour le bien ni pour le mal."

Vous êtes certainement parti, parce que vous aviez envie de retourner dans la maison de votre père; mais pourquoi as-tu volé mes dieux? " (Genèse 31:26-30).

La réponse que Jacob donne, craignant que ses femmes ne lui soient enlevées par la force, (v. 31) n'était pas entièrement injustifiée et exagérée; il reflétait plutôt la vérité, si l'on garde à l'esprit le caractère de Laban. Le fait même que Laban ne réponde pas à cette observation prouve que cette probabilité existait réellement. L'accusation selon laquelle Laban était nouveau à Jacob de lui avoir volé ses dieux n'était certainement pas ce que Jacob s'attendait à entendre, aussi parce que pendant ses vingt ans de séjour avec Laban, il avait toujours fait preuve de loyauté et dans le comportement de toutes ses actions, il avait jamais été accusé de vol.

Enfin, si Jacob autorisait son beau-père à fouiller tout ce qui lui appartenait et où se trouverait l'idole, qui qu'il était serait mis à mort, c'était essentiellement parce qu'il ne savait pas que sa femme Rachel avait commis cela vol et que son beau-père disait la vérité en le dénonçant. Pourquoi Rachel a commis ce vol, on ne nous le dit pas. Cependant, reflétant que dans la maison de Laban, cette idole de famille représentait le symbole de leur fortune, Rachel qui est née et a grandi dans cet environnement et avec cette croyance, et que sa vie n'avait pas été aussi chanceuse, a probablement cru qu'avec cette idole de famille, les choses auraient pu changer et réaliser ce qu'il cherchait depuis de nombreuses années: une progéniture abondante.

Quelle que soit la vraie raison qui a poussé cette femme à faire cette action, en plus de ne pas pouvoir se justifier, il faut aussi garder à l'esprit qu'à ce moment-là Rachel n'avait pas encore été changée et que la foi dans le vrai Dieu, que d'Abraham, d'Isaac, et même de son mari Jacob lui-même, n'était pas en elle pour être considérée, *la femme qui a bâti la maison d'Israël*, (Ruth 4:11) non comme une famille mais comme une nation.

Tout l'épisode du raisonnement qui eut lieu ce jour-là entre Jacob et Laban, décrit en détail par le texte biblique dans

(vv. 36-43), met en évidence trois choses. 1) le comportement sincère et honnête de Jacob envers Laban pendant les vingt ans de son séjour chez lui; 2) l'égoïsme de Laban et le traitement injuste de Jacob; et 3) l'intervention de Dieu en faveur de Jacob. Les mots que Jacob prononça avec une ferme résolution devant Laban:

Je suis avec toi depuis vingt ans. Vos brebis et vos chèvres n'ont pas avorté, et je n'ai pas mangé les béliers de votre troupeau. Je ne vous ai jamais apporté les animaux déchirés par les bêtes; J'ai subi la perte moi-même; vous m'avez réclamé ce qui a été volé le jour ou volé la nuit.

C'était mon lot: pendant la journée, j'étais rongé par une chaleur et un froid intenses la nuit, et le sommeil m'échappait des yeux (Genèse 31:38-40).

Avec ces mots précis, Jacob met en évidence non seulement son honnêteté et sa fidélité envers Laban, pendant toutes les vingt années où il a été à son service, mais aussi l'action cruelle et égoïste de son beau-père qu'il manifestait jour après jour dans le contre. Jacob.

Si les choses que Jacob avait dites n'avaient pas été vraies, Laban, dans son impétuosité, n'aurait pas été laissé la bouche fermée. Il aurait vigoureusement défié son gendre, l'accusant d'être faux. Puisque les choses dites par Jacob étaient vraies, non seulement il n'y avait pas de contestation, mais Laban n'avait même pas le courage de remédier à son passé cruel et tyrannique par une simple excuse verbale.

Les mots de conclusion qui soulignent l'intervention décisive de Dieu en faveur de Jacob nous montrent clairement que, sans lui, Laban aurait renvoyé Jacob les *mains vides*. C'est toujours l'intervention de Dieu en faveur de ses enfants qui fait la différence et qui, en conséquence, fournit à chaque disciple de Jésus-Christ le matériel nécessaire pour témoigner publiquement de la fidélité divine. Que cette importance soit donc un stimulant et un encouragement dans le chemin de notre vie chrétienne.

L'alliance conclue entre Jacob et Laban

Une fois que la clarification a eu lieu et que les eaux troubles se sont calmées des deux côtés, un accord est conclu qui établit les termes d'une alliance mutuelle.

Le serment que Jacob fait de ne pas maltraiter les filles de Laban et de ne pas prendre d'autres épouses que celles qu'il a et l'engagement solennel que Laban assume, envers Jacob, de ne pas franchir la frontière établie pour aller lui faire du mal, c'est scellé en nommant le nom du Dieu d'Abraham mo et de Naor, le reconnaissant comme juge parmi eux.

Cela fait, *Jacob a offert un sacrifice sur la montagne et a invité ses frères à manger du pain. Ils ont mangé du pain et ont passé la nuit sur la montagne.*

Laban se leva tôt le matin, embrassa ses fils et ses filles et les bénit. Puis Laban est parti et est retourné chez lui (Genèse 31:54-55).

Avec ces mots, l'histoire entre Laban et Jacob se termine. Désormais, même si le nom de Laban sera nommé, il ne sera plus présenté comme le protagoniste, mais uniquement comme un souvenir d'un passé, tandis que celui de Jacob restera dans les mémoires comme le personnage principal, c'est-à-dire le protagoniste, pour tous les événements qui seront racontés.

La raison en est que Dieu qui avait fait une promesse précise à Jacob doit l'accomplir dans tous les aspects. Si Jacob a été béni par l'Éternel, jusqu'à ce jour, lui donnant onze fils, plus tard, il aura le douzième qui formera les fondateurs d'une nation, appelée les douze tribus d'Israël et d'immenses richesses matérielles, cependant il y a encore du travail pour être terminé faites dans la vie de cet homme et bientôt ces situations en suspens entre Jacob et Ésaü qui sont cachées seront résolues. Ceci, bien sûr, nous le verrons dans les prochains chapitres.

Chapitre 11

JACOB SE PRÉPARE À RENCONTRER ESAU

Une fois clos le chapitre concernant les vingt ans du séjour de Jacob à Paddan-Aram, au service de la maison de Laban, un autre chapitre concernant la question d'Ésaü s'ouvre. Si nous voulons être précis, ce n'est pas un problème récent; mais celle qui existe depuis plus de vingt ans et qui n'a pas encore été résolue. Malgré le fait que de nombreuses années se soient écoulées, les rancunes du passé lointain n'ont pas encore été effacées de la mémoire des deux frères.

Bien qu'il ne soit pas facile de croire comment on peut garder rancune dans le cœur et les sentiments d'une personne pendant de très longues années, néanmoins l'histoire de Jacob et d'Ésaü est suffisamment éloquente pour montrer que ce n'est pas le passage des années qui éclaire l'esprit et dans le cœur de l'homme pour l'amener à faire des pas de réconciliation, mais seulement l'intervention de Dieu. Par conséquent, le but principal de ce chapitre est de démontrer ce que Dieu a fait pour résoudre le problème toujours non résolu entre Jacob et Ésaü.

Après la pacification entre Jacob et Laban et l'alliance connexe que les deux ont conclue en présence de témoins qui n'étaient pas impliqués dans ces affaires, Laban rentre chez lui avec ses frères et Jacob continue son voyage à Canaan, avec sa famille et tout ce qui appartenait à lui. Ce n'est pas un hasard si le chapitre 32, qui décrit les événements relatifs à la préparation de la rencontre de Jacob avec Ésaü, commence ainsi: *Alors que Jacob continuait son voyage, les anges de Dieu le rencontrèrent.*

Comme Jacob les a vus, il a dit: "Ceci est le camp de Dieu"; et il a nommé cet endroit Mahanaim = refuge (Genèse 32: 1-2).

On a beaucoup parlé de cette rencontre inattendue des anges de Dieu, et ceux qui sont intervenus ont tenté d'expliquer cet événement extraordinaire, d'un point de vue religieux-théologique, d'une manière particulière.

Puisque le texte consacre quelques mots, et puis, puisqu'il n'y a pas d'autres comparaisons dans la Bible avec lesquelles comparer, et, en tenant compte du fait qu'il n'y a pas de spécifications dans l'histoire qui pourraient grandement faciliter la compréhension de l'événement, les commentateurs ont eu du mal à comprendre sa portée et à la faire cadrer avant tout avec les faits particuliers qui suivraient prochainement.

La mention des anges de Dieu n'est pas difficile à comprendre, car l'Écriture les définit clairement: des *esprits serviteurs, envoyés pour servir pour le bien de ceux qui ont le salut à hériter* (Hébreux 1:14). Ceux qui invoquent Psaume 34:7 pour soutenir la doctrine dite de «l'ange gardien» doivent garder à l'esprit que dans ce psaume, la forme n'est pas au pluriel, *«les anges de ...»* , mais au singulier, *"l'ange de ..."* .

Qu'il y ait une différence entre les deux formes, pas tant du point de vue grammatical que de ce qui concerne sa signification, il suffit de se rappeler que là où dans l'Écriture on parle de l'ange du Seigneur, le même est toujours identifié avec le Seigneur ou avec l'Éternel. Que les anges de Dieu interviennent au nom de ses enfants et les libèrent des situations de danger et de mort, il n'y a pas beaucoup d'efforts à faire pour le remarquer. Il suffit de citer quelques textes bibliques pour le prouver: *Dieu a envoyé son ange ...* (Daniel 6:22); *envoya son ange et délivra ses serviteurs ...* Daniel 3:28). *Un ange du Seigneur est venu ...* (Actes 12:7). *Maintenant, je reconnais avec certitude que le Seigneur a envoyé son ange et m'a délivré ...* (Actes 12:11).

Revenant à notre récit, notez que ce n'est pas Jacob qui est allé à la rencontre des anges de Dieu, mais que ces derniers sont allés à sa rencontre. Ils sont allés à sa rencontre, pour quoi faire? Certains ont dit de l'accueillir et de l'accueillir pour son retour à Canaan. Si l'on considère objectivement les quelques mots que Jacob a prononcés à la vue des anges de Dieu: *"C'est le camp de Dieu",* et le nom qui a été donné à cet endroit, Mahanaïm, on comprend immédiatement qu'il ne s'agit pas d'un simple "accueil" ou un simple «bienvenue».

Les deux mots hébreux que le texte biblique utilise: « *campement* » (machăneh) signifie un camp, une armée et, Mahanaim (machăceh) = abri, abri, protection, refuge, pas «deux camps ou deux armées», (comme il est affirmés de différents côtés) nous donnent une idée de la raison pour laquelle les anges de Dieu se sont présentés à Jacob et pourquoi ils sont allés à sa rencontre.

Prenant l'idée de `` deux campements " ou de `` deux armées ", quelqu'un pensait que les `` deux armées " et les `` deux campements ", indiquaient que l'un était `` devant " et l'autre `` derrière " tandis que Jacob avec le sien la famille était au milieu de la protection des anges de Dieu. Une brillante interprétation spirituelle, dirait-on! Cependant, si les deux mots en question ont un sens différent, la même interprétation doit également avoir un sens différent. Jacob ne savait pas qu'à l'endroit où il était arrivé récemment, il y avait «un camp de Dieu», il s'en rendit compte à la vue des anges de Dieu. De plus, si Jacob a reconnu que ces êtres qui l'ont rencontré étaient des anges de Dieu, cela signifie au moins deux choses:

1) Ces êtres ont pris forme humaine;

2) Jacob avait un discernement et une intuition qui l'ont amené à reconnaître qu'ils étaient des anges de Dieu. Que son interprétation soit correcte est incontestable. Et si quelqu'un avait demandé pourquoi le campement de Dieu était à cet endroit précis et nulle part ailleurs, nous ne croyons pas que Jacob lui-même aurait pu l'expliquer, aussi parce qu'il ne savait pas ce qui se passerait dans cette région où il était arrivé récemment.

Pour nous, en revanche, qui connaissons l'histoire des événements, comme le raconte le texte biblique, il n'est pas si difficile de comprendre les choses et en même temps de donner une explication qui soit également cohérente avec la logique. Si une phrase similaire était trouvée dans d'autres textes, une interprétation différente pourrait être donnée; mais puisque nous savons avec certitude que l'expression «campement de Dieu» ne se trouve que dans le texte de notre histoire, cela doit logiquement avoir une signification particulière.

Nous ferons de notre mieux pour donner une interprétation acceptable et qu'en même temps le passage en question n'apparaisse pas comme une farce, une mise en scène, pour enrichir le panorama narratif de tout l'événement. Même si quelqu'un a suggéré de ne pas donner au terme `` camp '' le sens de la guerre, cependant, à la lumière des événements qui se succéderont, il ne sera pas illogique de lui attribuer un sens similaire, pas sous l'aspect physique, mais plutôt du point de vue spirituel.

Les anges de Dieu sont des messagers qui exécutent ses ordres. Ceci est accepté par tous, notamment parce qu'il y a tellement de preuves dans la Bible pour soutenir une telle chose. Dieu utilise ses anges pour apporter aide et délivrance à ses enfants, personne ne peut le contester. Même si ceux-ci n'apparaissent pas toujours sous la forme visible, leur présence ne peut être niée, surtout en ce qui concerne certaines expériences particulières que vivent les disciples du Seigneur. On ne peut donc pas établir que les anges de Dieu soient présents à certains endroits et absents à d'autres, comme s'il y avait certaines frontières infranchissables.

Étant donné qu'il est certain que les enfants de Dieu peuvent être trouvés partout sur la terre, s'ils étaient en danger, avaient besoin de délivrance, les anges de Dieu seraient à l'heure pour rendre leur service. De plus, établi comme un point fixe, que la demeure des anges est en présence de Dieu dans le ciel et autour de son trône, tout autre endroit où ils devaient être, doit toujours être considéré comme un lieu provisoire, temporaire, toujours connecté à leur mission.

Enfin, si les anges de Dieu sont à un certain endroit sur terre, il ne faut jamais penser que Dieu les a «détachés» à cet endroit et y restent toujours, comme s'il s'agissait de leur résidence habituelle. Tous les anges de Dieu, ayant accompli la mission confiée, retournent à leur lieu de résidence, c'est-à-dire au ciel.

Si près du Jourdain, près du ruisseau de Jabbok, à proximité de Peniel, il y avait un `` camp de Dieu '', c'est-à-dire un certain nombre d'anges campés, cela indique que Dieu lui-même avait décidé leur détachement de se déplacer à cet endroit, à effectuer une mission spéciale.

Concernant le nombre d'anges, une réponse valable ne peut être donnée, car il ne nous est pas donné de savoir. Tout chiffre qui pourrait être indiqué serait toujours considéré comme le fruit de l'imagination humaine. En pensant à la parole de Jésus, à l'occasion de son arrestation dans le jardin de Gethsémané, que s'il avait demandé au Père de lui envoyer douze légions d'anges, équivalant à 72000 unités, elles lui auraient été envoyées (Matthieu 26:53), nous avons toutes les raisons de penser que le camp de Dieu, que Jacob a vu ce jour-là, était sans aucun doute composé de plusieurs milliers d'anges. On peut se demander: dans quel but et pour quelle raison? Y a-t-il eu un vent de guerre et de conflit? Et si oui, avec qui?

En pensant à ce que dit le texte biblique, la lutte qui se déchaînerait dans un court laps de temps, concerne les gens de Jacob et d'Ésaü. Mais si cette bataille était dans les airs, qu'est-ce que les anges de Dieu avaient à voir avec elle? Auraient-ils dû mener cette bataille? N'aurait-il pas été Jacob et Ésaü qui se sont défiés? Du point de vue humain, les événements qui auraient lieu dans cette région comprenaient deux côtés: d'un côté Jacob avec toute sa famille et son bétail, de l'autre Ésaü avec ses 400 hommes, déterminé à attaquer la vie de son frère, sa famille et tout ce qui lui appartenait.

Face à une telle perspective, (qui est ce que nous présente le texte biblique) penser que les anges de Dieu étaient en ce lieu pour accueillir Jacob et l'accueillir à son retour à

Canaan n, est au moins superficiel et inapproprié. Alors que, si nous gardons à l'esprit que dans cette circonstance non seulement la partie physique aurait été impliquée, mais il y aurait eu une coalition de forces invisibles, de pouvoirs infernaux et diaboliques, la présence du campement de Dieu, trouve sa pleine justification et l'explication la plus logique.

Même si beaucoup de nos jours ne partagent pas ces considérations qui sont les nôtres, on ne peut nier que le combat le plus grand, le plus féroce et le plus exigeant qui se déroule autour de la vie des enfants de Dieu, n'est pas celui contre.

Chair et sang, mais contre les principautés, contre les puissances, contre les dirigeants du monde des ténèbres de cet âge, contre les mauvais esprits dans les lieux célestes (Éphésiens 6:12).

Jacob est sur le chemin du retour à Canaan après avoir passé vingt ans avec Laban à Paddan-aram. Puisque son âme n'était pas en paix, pour toute la tromperie et la tromperie qu'il avait faites à son frère Ésaü,

Il envoya des messagers devant lui à son frère Ésaü, au pays de Séir, dans la campagne d'Édom. Et il leur donna cet ordre, en disant: Vous direz ainsi à Ésaü, mon seigneur. Ainsi parle votre serviteur Jacob: Je suis resté avec Laban et j'y suis resté jusqu'à présent; J'ai des bœufs, des ânes, des troupeaux, des serviteurs mâles et femelles; et je l'envoie pour le dire à mon seigneur, pour trouver grâce à ses yeux. Les messagers retournèrent alors vers Jacob, disant: Nous sommes allés vers votre frère Ésaü; et maintenant lui-même vient à votre rencontre et a quatre cents hommes avec lui (Genèse 32:3-6).

Les quatre cents hommes qu'Ésaü a emmenés avec lui pour rencontrer son frère Jacob parlent d'eux-mêmes; montrer clairement quelles étaient ses véritables intentions. Si Ésaü n'a pas mis la main sur son frère et sur tout ce qu'il avait, ce n'était pas parce que son cœur était `` adouci " par les paroles: *votre serviteur Jacob, mon seigneur Ésaü*, (ce que Jacob n'aurait jamais prononcé en d'autres temps) mais c'était parce que Dieu, en répondant à la prière sincère de Jacob, avait tout changé. (Genèse 32:9-11).

Tout ce que vous lisez dans ces deux chapitres 32 et 33 de la Genèse est une description claire de ce que Dieu a fait ce jour-là, lorsque les deux frères se sont réconciliés et qu'il n'y a pas eu d'effusion de sang.

Pour mieux évaluer l'ensemble des circonstances, il convient d'examiner les détails du récit biblique. La première action que Jacob entreprit, en vue de la rencontre fatidique avec son frère Ésaü, fut que

Pour diviser les gens qui étaient avec lui en deux groupes, les troupeaux, les troupeaux et les chameaux, et a dit: "Si Ésaü vient contre l'une des armées et l'attaque, l'armée restante sera en sécurité" (Genèse 32:7 - 8);

Tout cela, bien sûr, pour la grande peur et l'angoisse qui l'assaillaient. La tactique mise en œuvre par Jacob dans cette circonstance peut être définie: «une action prudente et prudente». Cependant, la «perspicacité» de l'homme ne réussit pas toujours dans le sens où elle conduit à des solutions pacifiques; parfois, au lieu de produire ces effets, d'autres problèmes surgissent qui confondent les situations. Pour avoir une réponse sûre, la meilleure chose à faire à notre besoin est de se tourner vers Dieu et de lui présenter nos problèmes.

1) La prière sincère que Jacob a élevée à Dieu

«Ô Dieu de mon père Abraham, Dieu de mon père Isaac, ô éternel, qui m'a dit: 'Retourne dans ton pays et ta parenté et je te ferai du bien,' je ne suis pas digne de toute bonté et de toute fidélité que tu utilisé avec votre serviteur, car je n'ai traversé ce Jourdain qu'avec mon bâton, et maintenant je suis devenu deux hôtes.

Libérez-moi, s'il vous plaît, des mains de mon frère, des mains d'Ésaü, car j'ai peur de lui et je crains qu'il ne vienne m'attaquer, n'épargnant ni les mères ni les enfants.

Et vous avez dit: Certainement, je vous ferai du bien et je ferai que vos descendants deviennent comme le sable de la mer, qui ne peut être compté parce qu'il est nombreux » (Genèse 32:9-12).

En apprenant que son frère Ésaü venait à sa rencontre avec 400 hommes, Jacob comprit sans aucun doute que c'était le «jour du jugement». Si Ésaü n'avait pas pu se venger selon ses intentions et sa volonté, ce n'était pas parce qu'il manquait de moyens et d'opportunités, mais parce que son frère s'était enfui à Paddan-aram. Malgré le fait que vingt ans s'étaient écoulés (et selon la logique humaine, les années auraient dû apporter des doutes pour ne pas faire de mal), cela ne s'était pas produit dans la vie d'Ésaü.

Les pensées et les intentions de vengeance et «d'obtenir justice avec ses mains» avaient non seulement réapparu dans son esprit, mais maintenant plus que jamais, elles pouvaient trouver une pleine réalisation. Jacob est parfaitement conscient du grave danger qui l'attend pour sa vie, pour sa famille et pour tout ce qui lui appartient. Ce n'était pas, en fait, une hypothèse absurde, basée sur l'imagination, il s'agissait plutôt de prendre acte d'une situation réelle qui apparaissait en toute clarté devant nous.

Même si Jacob avait onze fils, hommes et femmes (nous ne connaissons pas leur nombre), il ne pouvait pas compter sur eux pour vaincre la haine cruelle de son frère. La décision de se tourner vers Dieu avec cette prière sincère était sans aucun doute la meilleure chose que Jacob pouvait faire dans cette circonstance particulière.

Il faut souligner que dans la situation dans laquelle il se trouvait, se rendant compte qu'il ne pouvait pas compter sur l'aide de ses épouses, en priant ensemble à l'Éternel, car elles n'avaient pas cette expérience spirituelle de relation avec Dieu, qui aurait lui a permis d'intercéder ensemble au trône de Dieu, il a décidé de le faire seul. Jacob, par conséquent, ne fait que prier; c'est seulement qu'il demande à Dieu d'être aidé et libéré des mains de son frère Ésaü. Ce faisant, il énonce certaines choses dans la prière qu'il élève à Dieu.

1) Seigneur, Seigneur, si aujourd'hui je me retrouve dans ce lieu, après avoir passé 20 ans à Paddan-Aram, loin de mon frère, ce n'est pas parce que c'était mon initiative de quitter cet endroit et de retourner dans mon pays. C'est toi, ô éternel, qui m'as ordonné de retourner dans mon pays. Si tu ne me l'avais pas commandé, je ne serais pas dans cet endroit ce jour-là, sous l'arme de mon frère.

2) Je ne peux pas me référer à ma «dignité», Seigneur, parce que je vous ai clairement dit que je ne suis pas digne *de toutes les bontés et de la fidélité que vous avez utilisées avec votre serviteur.* Cela signifie que Jacob avait pris conscience que tout ce que l'Éternel lui avait accordé dans sa vie, il ne l'avait pas reçu pour des mérites personnels, mais seulement pour la bonté et la fidélité de Dieu. Enfin, reconnaissez que nous n'avons

aucun mérite. à tenir, cela nous permet d'être dans la bonne position pour recevoir ce dont nous avons besoin de Dieu.

3) Jacob veut être libéré des mains de son frère Ésaü.

Libérez-moi, s'il vous plaît, des mains de mon frère, des mains d'Ésaü, car j'ai peur de lui et je crains qu'il ne vienne m'attaquer, n'épargnant ni les mères ni les enfants.

Et vous avez dit: Certainement, je vous ferai du bien et je ferai que vos descendants deviennent comme le sable de la mer, qui ne peut pas être compté tant il est nombreux » (Genèse 32:11-12).

Cette demande, en plus d'être précise, révèle également la gravité de la situation dans laquelle se trouve Jacob avec sa famille. S'il s'exprime ainsi, c'est parce qu'il a senti les mauvaises intentions de son frère à son égard, depuis qu'il a appris qu'il venait vers lui avec 400 hommes. Jacob est confronté à la réalité d'une vengeance certaine de son frère Ésaü.

Comme il ne peut plus fuir pour éviter cette tragédie, se rendant compte qu'en lui il n'y a aucune chance d'éviter le carnage et d'être pris dans un étau cruel, il ne reste plus rien à faire: contactez votre Dieu, qui puissant le libère de ce danger qui est sur le point de tomber sur lui. Bien sûr, la prière que Jacob a élevée à Dieu ce jour-là n'était pas une prière ordinaire, au sens où il avait l'habitude de le faire; c'était sans doute une prière particulière, aussi parce qu'en elle, non seulement il utilisait des mots adaptés à la circonstance, mais déversait toute sa peine, pour obtenir une réponse décisive de son Dieu, qui aurait pu résoudre l'affaire de manière définitive et complète chemin. Le fait que Jacob ait passé une nuit entière à concevoir un plan pour résoudre cette situation tragique montre en soi à quel point il était d'humeur agitée.

Les deux cents chèvres et vingt chèvres, deux cents moutons et vingt béliers, trente chameaux allaitants avec leurs petits, quarante vaches et dix taureaux, vingt ânes et dix poulains (Genèse 32:14-15),

Ils étaient le «cadeau» que Jacob se préparait à offrir à son frère Ésaü, dans l'espoir de l' *apaiser* et de recevoir *un bon accueil.* (Genèse 32:20). Le fait que Jacob divise ces animaux en tant de groupes et les attribue à ses serviteurs pour les guider vers son frère, démontre la grave préoccupation qu'il avait, et en même temps cela montre à Ésaü, qu'en fin de compte, Jacob n'est pas l'homme d'il y a vingt ans; est l'homme différent.

Les paroles qu'il met dans la bouche des serviteurs qui devront conduire ce bétail:

«Quand mon frère Ésaü vous rencontre et vous demande: 'À qui êtes-vous et où allez-vous? À qui appartiennent ces animaux devant vous? "Vous répondrez:" Ils appartiennent à votre serviteur Jacob; c'est un don envoyé à mon seigneur Ésaü; et voici, il vient lui-même après nous "" (Genèse 32: 17-18),

Ils sont assez éloquents pour nous faire comprendre que le plan de Jacob cherchait à impressionner Ésaü, non seulement en ce qui concerne le grand nombre d'animaux qui était envoyé en `` cadeau '', mais aussi pour les paroles que tout serviteur aurait à dire: *le vôtre serviteur Jacob ..., mon seigneur Ésaü ...*

Humainement parlant, c'était le meilleur et le plus que Jacob aurait pu trouver. Nous le répétons encore une fois: ce n'était pas le «cadeau» que Jacob s'apprêtait à envoyer à son frère qui allait changer les choses; c'était sans aucun doute l'intervention particulière de Dieu, qui allait changer les «intentions» et la «volonté» d'Ésaü.

Si Dieu n'était pas intervenu dans cette situation, exactement ce que Jacob avait prévu se serait produit. Ce qui compte, ce ne sont pas tant nos précautions, notre savoir-faire dans le chemin de notre vie, que ce que «Dieu sait faire». À lui soit la gloire, pour toujours et à jamais!

2) Une nuit mémorable au ruisseau Jabbok

Après avoir organisé le «cadeau» à envoyer à Ésaü, Jacob *passa la nuit dans le camp . Cette nuit-là, il se leva, prit ses deux femmes, ses deux serviteurs, ses onze enfants, et traversa le gué de Jabbok. Là, il les prit et les fit passer le ruisseau, et le fit passer à tout ce qu'il possédait* (Genèse 32: 21-23).

La situation qui se présentait devant Jacob était tragique; il ne savait plus quoi faire. L'idée de laisser toute sa famille, les deux serviteurs et tout ce qu'il possédait à travers le ruisseau de Jabbok, et rester seul dans le camp, aurait facilement été motivée par le fait qu'il voulait continuer à prier son Dieu, en vue de la rencontre fatidique avec son frère Ésaü, qui aurait lieu le lendemain.

Il n'avait aucune idée de ce qui l'attendait ce soir et du combat qu'il devrait endurer seul. Une chose l'a certainement soutenu et lui a donné du courage, (même s'il n'avait aucun membre de sa famille à côté de lui): la conscience d'être proche de son Dieu, à qui il avait déjà adressé sa fervente prière, d'être libéré des mains de Ésaü, son frère.

Si la demande de libération avait déjà été transmise à son Dieu, la réponse n'était cependant pas encore arrivée, c'est pourquoi il est là, tout seul au ruisseau de Jabbok, dans une attitude de prière et d'attente. Il ne peut accepter le fait que son Dieu, auquel il s'était adressé, n'entende pas sa prière et que, pire encore, il se désintéressait de lui.

Le fait de ne pas répondre à sa prière ne représente pas pour Jacob la preuve que Dieu ne l'aime pas ou qu'il n'a pas l'intention d'intervenir dans cette situation désespérée dans laquelle il se trouve. Il la cherche et l'attend à tout moment. Et soudain un homme apparaît devant lui; et voyant qu'il ne le connaît pas et ne sait pas qui il est, il s'engage dans un combat avec cet étranger, qui dure toute la nuit.

Pendant le combat, Jacob se rend compte que l'étranger ne peut pas être un homme comme lui, venu spécifiquement pour s'opposer à son chemin et accroître son inquiétude; il doit sans aucun doute être un être divin. Et, puisque sa prière devait être prononcée, il l'avait adressée au Dieu Tout-Puissant, il était logique, non seulement qu'il attendait de Lui, mais qu'il pensait aussi à Lui à ce moment-là. Mais était-ce vraiment son Dieu, qui était là et avec qui il luttait, ou était-ce son ange? En pensant aux paroles du prophète: *dans l'utérus, il a pris son frère par le talon et dans sa force, il a combattu avec Dieu. Oui, il s'est battu avec l'Ange et a gagné ...* (Osée 12:4-5), il y a toutes les conditions pour croire que Jacob combattait avec Dieu.

Le fait même que le patriarche demande avec insistance à être béni est un autre élément qui plaide en faveur du fait que le combattant inconnu n'aurait pas pu être un ange ordinaire, (bien que certains aient pensé à lui donner un nom, l'archange Michel), mais Dieu lui-même, selon la conviction qu'a eu Jacob lui-même cette nuit-là, quand il a dit: *"J'ai vu Dieu face à face, et ma vie a été épargnée"* (Genèse 32:30).

Face à la clarification que fait le texte sacré, c'est-à-dire l'insistance de Jacob à demander à être béni: *"Je ne te laisserai pas partir, si tu ne m'as pas béni le premier!"* (Genèse 32:26), il est logique de se demander pourquoi

Jacob fait cette demande. Dieu ne l'avait-il pas grandement béni à Paddan-aram? Le nier aurait été équivalent pour Jacob de ne pas être reconnaissant pour tout ce que Dieu lui avait donné. La famille nombreuse et le bétail nombreux dont il était-il disposé n'étaient-ils pas la preuve la plus éloquente que Dieu l'avait déjà béni? Bien sûr! Alors pourquoi en cette nuit mémorable, demande-t-il avec tant d'insistance à être béni?

De quelle bénédiction parlait-il? Penser à la demande qu'il avait faite à Dieu d'être libéré des mains d'Ésaü, son frère, et, puisqu'il attendait que cette demande soit remplie, la bénédiction qu'il veut à tout prix, est sans aucun doute une référence claire à la situation actuelle dans lequel il est, c'est-à-dire: la libération des mains de son frère Ésaü.

Le combattant inconnu demande à Jacob de le laisser partir, car *l'aube était sur le point de se lever*, et considérant que Jacob n'a pas abandonné, il a plutôt fait rage avec une plus grande détermination, de sorte que le combattant inconnu ne devait pas prendre le dessus sur Jacob, il lui est tombé. La cavité de la hanche pour la faire disloquer. À ce stade, Jacob apparaît handicapé et, lorsque l'étranger s'en va, Jacob ne sera plus l'homme qu'il était avant, parfaitement debout et marchant librement; ce sera l'homme qui boitera, l'homme qui a subi des dommages corporels, mais en retour ce sera aussi l'homme dont le nom a été changé. Le texte biblique précise que puisque Jacob voulait à tout prix être béni, l'étranger lui demande:

"Quel est ton nom?". Il a répondu: *«Jacob»*. Puis il a dit: *"Ton nom ne sera plus Jacob, mais Israël, car tu as combattu avec Dieu et avec les hommes, et tu as gagné"* (Genèse 32:27-28). Jacob signifie *"Celui qui prend par le talon, le suppliant"*;[6] tandis qu'Israël signifie *"qui combat avec Dieu"*.

Si nous gardons à l'esprit que le combattant inconnu était un être divin (probablement Jésus, avant son incarnation) et qu'Il connaissait le nom de celui qui l'avait occupé toute la nuit, pourquoi alors demande-t-il son nom? Dire le nom de sa propre bouche et avec ses propres mots signifiait que l'intéressé devait reconnaître ce qu'il était réellement, c'est-à-dire un suppliant. Épeler le nom signifiait faire une confession claire, non pas tant devant l'homme, mais plutôt devant Dieu.

L'œuvre de Dieu a toujours commencé dans la confession de l'homme. *Si nous confessons nos péchés, il est fidèle et juste pour nous pardonner nos péchés et nous purifier de toute iniquité* (1 Jean 1.9). *Ceux qui dissimulent leurs transgressions ne prospéreront pas, mais ceux qui les confessent et les abandonnent obtiendront miséricorde* (Proverbes 28.13).

Après le combat, a reçu la bénédiction et le changement de nom, *comme Peniel = Face de Dieu est passé, le soleil s'est levé; et Jacob boitait à la hanche* (Genèse 32:31). Maintenant que la nuit est passée avec ses ombres sombres, il y a un nouveau jour devant le patriarche qui l'accompagne de la lumière du soleil.

Ce soleil qui illumine et réchauffe tout l'environnement qui l'entoure n'est pas seulement pour cela, il peut aussi réchauffer sa vie intérieure et l'illuminer vers un avenir meilleur, surtout maintenant qu'il a une bénédiction divine particulière avec lui et que son nom a changé. Au ruisseau de Jabbok, Jacob a lutté toute une nuit pour la bénédiction divine, destinée à répondre à sa demande d'être libéré des mains de son frère Ésaü, mais il ne pensait pas qu'il

---

[6] Per altre informazioni, cfr. l'articolo di H.J. Zobel, in *GLAT* (Grande Lessico dell'Antico Testamento), *Vol. III*, Col. 877-907

recevrait le changement de son nom, car il n'avait pas cette jamais demandé. Dieu, qui donne toujours plus que ce qui lui est demandé, est toujours prêt à enrichir les siens avec de nouvelles bénédictions et à leur donner de nouvelles expériences.

Quelqu'un a calculé que lorsque Jacob est arrivé dans la maison de Laban, il devait avoir soixante-six ans. Si ce calcul est correct, et compte tenu des vingt ans pendant lesquels il est resté à Paddan-aram, quand il a rencontré son frère Ésaü, il devait avoir quatre-vingt-sept-quatre-vingt-huit ans. Pendant toutes ces années, qui ont été les années les plus terribles de sa vie, le souvenir de son passé en ce qui concerne le détournement du droit d'aînesse, fuyant la maison de son père pour se sauver de la colère rageuse de son frère, les longues années de service dans la maison de Laban et toutes les vicissitudes qu'il a rencontrées pendant cette période, n'étaient pas seulement devant lui comme un miroir, mais pesaient aussi comme un rocher dans sa vie.

Chaque fois qu'il prononçait son nom ou que d'autres l'appelaient du nom de Jacob, tout reparaissait clair et clair devant lui. Mais lorsque le nom de Jabbok lui a été changé par Jacob en Israël, une nouvelle ère commence dans sa vie, qui l'accompagnera pour le reste de son existence, jusqu'à son coucher du soleil, c'est-à-dire jusqu'au jour où il sera appelé au demeure éternel.

Jacob du courant Jabbok sort non seulement avec son nom changé et avec une bénédiction divine particulière, mais il sort également avec une déficience physique qui mènera à sa mort. Oui, c'est vrai qu'il a été changé, et que Dieu a dû attendre de longues années pour faire ce travail, il a reçu une bénédiction particulière, mais en retour il a dû en payer le prix.

Plus le prix est élevé, plus la bénédiction est grande; plus le paralysant souffrira dans sa vie, plus grand sera le privilège d'être utilisé par Dieu, selon les plans de sa volonté. Que Jacob-Israël serve d'exemple à chacun de nous! Amen!

3) Une clarification nécessaire

Ce qui suit tend à examiner (de manière critique) ce qui a été dit dans un forum Evangelici.net le 06/02/03 intitulé: QUI A VRAIMENT LUTTÉ CONTRE JACOB? La personne principale qui intervient dans le débat-discussion est un certain Abraham (est-ce un nom fictif ou vrai?), Cela peut être connu du modérateur.

La première chose qui ressort est le fait que Jacob au Jabbok Creek a *lutté avec un homme jusqu'à l'aube*. Toutes les traductions ont fait de (Genèse 32:24) *un homme qui* luttait *avec lui* ... Rad, qui est un expert en hébreu, l'a traduit de cette façon. Gardez à l'esprit que Jacob était *seul à* ce moment-là, c'est-à-dire qu'il n'y avait personne d'autre avec lui au Jabbok Creek. Jacob était *un homme*, l'apparition d'un autre homme indique, du point de vue grammatical, que lorsqu'il a commencé l'action décrite par (Genèse 32:24,25), il y en avait deux, pas idéalement, mais physiquement.

Grammaticalement parlant, l'article indéfini «a» n'est jamais utilisé pour parler de soi, mais «toujours» des autres. Si Jacob «se battait contre lui-même», comme le voudrait l'interlocuteur du Forum, tout d'abord le texte doit le dire clairement sans laisser de doute, c'est-à-dire qu'il n'aurait pas dû utiliser l'article indéfini «a», ni le nom» homme'.

Puisque les «deux éléments» du discours sont utilisés, il n'y a pas de cohérence logique qui puisse le soutenir, qui ne soit pas contraire à la grammaire et à la syntaxe. C'est donc une «volonté», c'est le moins qu'on puisse dire, de soutenir une telle thèse. Aussi, quel sens auraient la préposition «avec» et le pronom personnel «il» s'ils se référaient à la même personne? Peut-on prouver, d'un point de vue linguistique, qu'une telle utilisation est autorisée? Si l'argument n'est évalué que d'un point de vue linguistique, il n'est pas possible de sous-estimer catégoriquement:

1) L'article indéfini «a»;

2) Le nom «homme»;

3) La préposition 'avec' e

4) Le pronom personnel «il». Ces éléments essentiels du discours qui apparaissent dans (Genèse 32:24) sont la preuve que la thèse proposée par l'interlocuteur ci-dessus, ne tient pas, donc elle est inacceptable. L'interlocuteur en question a le courage d'exhorter à: «Bien lire et méditer», ce qu'il doit lui-même faire d'abord et sérieusement.

Si le récit biblique se limitait à mettre en évidence uniquement les quatre éléments mentionnés, (suffisants à eux seuls pour comprendre le texte), et que vous vouliez rechercher d'autres éléments, quel serait le résultat? Le voilà!

"Quand ceci (c'est-à-dire l'étranger) a vu qu'il ne pouvait pas le surmonter, il l'a frappé à l'articulation de la hanche, de sorte que l'articulation de la hanche s'est foulé Jacob et s'est battu avec lui".[7]

Puisque «deux» semblent se battre et non «un», voyez dans cette scène, comme le souhaiterait l'interlocuteur ci-dessus. «Le mauvais instinct quand il a vu qu'il ne pouvait pas le vaincre l'a frappé dans le penchant sexuel, la partie la plus faible. Le mauvais instinct personnifié est

---

[7] G. Von Rad. Genesi, p. 428

symboliquement Satan: l'opposition, c'est Dieu, qui éprouve les hommes ». «Voir» dans le verbe, qu'il soit mauvais ou bon, quelque chose d'abstrait qui peut être attribué à un instinct, est vraiment imaginatif.

L'instinct n'a pas le pouvoir de discerner et d'évaluer une chose. C'est seulement une personne (même une bête) qui possède cette faculté: en voyant de ses propres yeux, elle peut prendre conscience d'une certaine action qui est en train d'être accomplie. Si un serpent, par l'Exode, ne voyait pas de ses propres yeux qu'il y a un danger pour sa vie, il ne bougerait pas de sa place. Un animal féroce aussi. L'œil connecté au cerveau transmet les images qu'il observe.

À son tour, le cerveau émet ces signaux vers les organes affectés. Pour être plus précis, afin de voir s'il peut être admis que c'est «l'instinct méchant qui s'est battu avec Jacob, nous transcrivons la définition linguistique du nom« instinct ».

"Complexe de dispositions congénitales, préalable à toute expérience et indépendant de toute activité rationnelle, stable, uniforme, héréditaire, propre à chaque espèce vivante et constituant un schéma de comportement visant à l'autoconservation de l'individu et de l'espèce (il a on a reconnu la faculté psychique de l'homme la plus proche de l'ordre naturel, et le mobile interne de tout comportement finalisé typique des animaux y a été retracé); inclinaison naturelle - Même les dispositions naturelles individuelles faisant partie de ce complexe.

Disposition, propension, attitude à un comportement déterminé, qui est propre à chaque homme (ou, par extension, à un peuple), et caractérise sa personnalité; tendance innée ou habituelle. - Aussi, tempérament, caractère, disposition.

Impulsion soudaine et incontrôlée pour effectuer une certaine action; mouvement spontané et irréfléchi de l'âme».[8]

Dans notre cas, ce n'est pas Jacob qui «voit» qu'il ne peut pas gagner, mais c'est l'étranger qui lutte avec lui. Cela signifie que l'inconnu est un être pensant, qui a la faculté de réfléchir, de méditer sur les choses, de discerner ce qui peut se passer ensuite. À la suite de ce qu'il comprend, il a une idée pour surmonter l'obstacle: toucher le creux de la hanche de Jacob. Ce n'est pas un contact qu'il se fait à lui-même, mais il le fait à quiconque est «avec» lui. Ce type de discours que le texte sacré nous permet de mettre en place, ne peut se faire qu'en pensant à un être réel et non à un «instinct».

De plus, l'inconnu aux prises avec Jacob ressent deux choses: le désir de s'en aller et l'aube qui est sur le point de se lever. Cela signifie clairement qu'il est capable de discerner la différence entre la nuit et l'aube. En faisant ce constat, il adresse une prière courtoise à Jacob: « *Laissez-moi partir.* ". *Les* actions qui sont exécutées par instinct ne demandent à personne la permission de les exécuter, car précisément elles sont" innées ". Pour que le combattant inconnu puisse quitter le ruisseau de Jabbok, où il se trouve, il a besoin que Jacob permettez-lui de partir, mais cela n'arrive pas, car Jacob lui dit fermement: *«Je ne vous laisserai pas partir...»*.

Le pronom personnel «ti» de notre texte n'est jamais utilisé pour un nom tel que «instinct». Finalement, Jacob ne laissera partir le combattant inconnu qu'à la condition qu'il le bénisse. Si l'instinct qui a combattu avec Jacob était le mauvais, (pour reprendre l'expression de notre

---

[8] S. Battaglia in *GDLI* (Grande Dizionario della lingua italiana), Vol. VIII, pp. 603-604

interlocuteur), à proprement parler, il n'aurait pas pu donner quelque chose de bien, qui était la «bénédiction» requise.

Comme si tous les éléments que nous avons énumérés et mis en évidence ne suffisaient pas, le texte précise que l'inconnu a demandé le nom de Jacob. D'après la réponse qu'il a reçue, le nom du patriarche a été changé en Israël.

L'action du changement de nom de Jacob est attribuée spécifiquement à l'inconnu, et c'est lui qui précise à Jacob: *vous avez combattu avec Dieu et avec les hommes, et vous avez gagné*. Même si Jacob n'avait pas dit les mots: *«J'ai vu Dieu face à face, et ma vie a été épargnée»*, les paroles de l'étranger auraient suffi, qui a affirmé que Jacob, au ruisseau de Jabbok, *luttait avec Dieu* . Finalement, Jacob se rendant compte qu'il a vu Dieu et a lutté avec lui, veut connaître son nom.

Mettez le mot «mauvais instinct» à la place de Dieu, puis demandez-lui: «Mauvais instinct, comment vous appelez-vous? La réponse ne pourrait jamais être différente: si vous savez que mon nom est «mauvais instinct», avez-vous besoin de me demander? Faut-il beaucoup de culture pour voir l'absurdité d'un tel raisonnement interprétatif? Certainement pas!

L'auteur que nous avons cité, c'est G. Von Rad, un expert de la langue hébraïque, traduit (v. 28) *"... tu as combattu avec Dieu et avec les hommes ct tu as été le vainqueur"* . Acceptant un instant ce que notre interlocuteur aimerait, que Jacob ne "gagne" pas, mais "domine", le texte doit se lire: "vous avez dominé votre mauvais instinct ...".

Puisque le verset en question ne le dit pas, nous préférons nous en tenir au simple sens qu'a le texte biblique, plutôt que de suivre l'érudition présumée de notre interlocuteur, car il croit aussi avoir les `` clés " en main pour comprendre et comprendre expliquer notre histoire.

Enfin, pour lui, la cavité de la hanche que Jacob a touchée ne concerne pas l'articulation du membre, mais ses organes génitaux, la partie mauvaise de son être. Jacob n'a donc lutté avec personne d'autre; il s'est battu avec l'homme, qui était lui-même, c'est-à-dire qu'il dominait la mauvaise partie de son instinct sexuel. Si notre interlocuteur avait pesé les éléments que nous avons mis en évidence, il ne serait jamais venu à cette conclusion absurde, qu'aucun commentateur sérieux n'a jamais fait, ni proposé du moins une interprétation possible en ce sens.

4) La rencontre avec Ésaü

Jacob leva les yeux, regarda et vit arriver Ésaü, qui avait quatre cents hommes avec lui. Puis il partagea les enfants entre Léa, Rachel et les deux serviteurs.

Il a mis les servantes et leurs enfants sur sa tête, puis Léa et ses fils, et enfin Rachel et Joseph.

Lui-même passa devant eux et se prosterna sept fois au sol, jusqu'à ce qu'il vienne près de son frère.

Alors Ésaü courut à sa rencontre, l'embrassa, se jeta sur son cou et l'embrassa; et pleura (Genèse 33:1-4).

Comme la scène a été différente depuis que Jacob a appris que son frère venait à sa rencontre avec quatre cents hommes! Puis à cette nouvelle il a tremblé et a eu peur, alors que maintenant il est serein et calme et a pu passer devant tout le monde pour rencontrer son frère sans aucun souci. Il sait, en effet, que son Dieu, qu'il demandait avec ardeur et insistance à être libéré par son frère, avait tout lissé et résolu, comme il sait faire les choses.

Jacob a en lui la certitude que son Dieu a tout sous contrôle et que tout se déroulera de la meilleure façon, d'une manière pacifique, selon les plans de sa volonté. En conséquence, il ne ressent pas le besoin d'avoir une escorte avec lui; il a le courage de se présenter seul à son frère. La bataille qu'il redoutait avec une effusion de sang abondante, fut gagnée sans une seule goutte, par les guerriers invisibles qui combattirent pour lui contre toute l'armée infernale.

Bien qu'Ésaü ait rencontré Jacob avec seulement quatre cents hommes, représentant son armée, derrière eux se trouvait un autre, en infériorité numérique, que personne ne voyait. Mais le Dieu Tout-Puissant qui avait fait une promesse à Jacob à Béthel, sachant ce que son serviteur devait rencontrer, près du Jourdain, près du ruisseau de Jabbok, avait posté son armée dans cette région, avant l'arrivée de Jacob, de sorte que lorsque l'heure fatale car le combat aurait frappé, tout était prêt pour l'événement.

Alors que Jacob était engagé dans cette nuit mémorable au ruisseau de Jabbok combattant avec Dieu, une autre bataille se déroulait ailleurs entre l'armée de Dieu, composée de ses anges, et l'armée des forces de l'enfer, composée des serviteurs de Satan. , pour soutenir la cause d'Ésaü. D'un côté il y avait la puissance de l'amour, c'est-à-dire celle de Dieu, et de l'autre, la puissance de la haine, c'est-à-dire celle du diable. Gardant à l'esprit que la rencontre entre les deux frères s'est déroulée paisiblement, il faut admettre que l'armée de Dieu a vaincu celle de l'enfer, avec une défaite retentissante de tous les alliés de Satan.

C'est une histoire qui se répétera toujours, jusqu'à ce que le diable soit définitivement jeté dans l'abîme, pour y rester pour toute l'éternité. Il y a une bonne leçon à tirer pour le peuple de Dieu: lorsque les forces de l'enfer, conduites par

Satan, tentent de déchaîner leurs attaques féroces contre les enfants de Dieu, ce dernier doit toujours avoir recours à Dieu, qui réfléchira. Pour les défendre et les libérer de toute tentative diabolique. De plus, il faut toujours garder à l'esprit que la vie de chaque enfant de Dieu se trouve entre les mains de notre Père céleste et de son Fils, Christ Jésus (Jean 10: 28,29).

Avec cette merveilleuse perspective, on peut avancer en toute sécurité car *aucune arme fabriquée* (de l'enfer) *ne réussira* (Esaïe 54:17), et, *lorsque l'adversaire arrive comme un torrent, l'Esprit de l'Éternel lèvera contre lui un drapeau.* (Esaïe 59:19). Finalement, Jésus peut assurer son église que… *les portes de l'enfer ne pourront pas la surmonter* (Matthieu 16:18).

Le chapitre 33 de la Genèse ne parle pas seulement de la rencontre entre Jacob et Ésaü, qui se termina joyeusement par une forte étreinte que les deux frères se donnèrent (en particulier l'initiative d'Ésaü de se jeter au cou de Jacob) et des larmes abondantes qui coulèrent tous les deux. , mais aussi comment les deux frères suivirent chacun leur propre chemin: Ésaü retourna en route vers Séir et Jacob partit pour Soukkoth, jusqu'à ce qu'il dressa ses tentes à Sichem, revenant ainsi de Paddan-aram à Canaan, en bonne santé et sauvé (vv.16 -18).

5) UNE RÉFLEXION PARTICULIÈRE

À ce stade, une réflexion importante est nécessaire de la nécessité, pour comprendre et évaluer l'événement en lui-même, en l'encadrant avant tout avec les plans et avec la volonté divine. Quand Dieu fit la promesse à Abraham de lui donner une descendance abondante, assimilée aux étoiles du ciel et au sable de la mer, afin qu'il soit appelé: *Père d'une multitude de nations* (Genèse 17: 5), le Le patriarche est connu pour ne pas avoir eu d'enfants sur lesquels il pouvait compter pour réaliser la promesse divine.

Malgré cela, le texte sacré déclare qu'Abraham *croyait au Seigneur, qui le considérait comme justice* (Genèse 15:6). Avec la naissance d'Isaac (qui était le seul héritier légitime d'Abraham), la promesse divine devrait être remplie; mais cela ne se produisit pas, du simple fait qu'Isaac restait seul dans la famille d'Abraham et qu'il n'y avait pas d'autres enfants. Néanmoins, avant la naissance d'Isaac, Dieu avait clairement dit à Abraham que ce serait sur lui (c'est-à-dire Isaac) qu'Il *établirait son alliance* (Genèse 17:19-21) et que *sa progéniture posséderait la porte de la sienne ennemis* (Genèse 22:17).

Puisqu'on sait qu'Isaac n'avait pas d'autres fils que Jacob et Ésaü, et qu'Ésaü ne faisait pas partie de la promesse divine, il n'y avait pas d'autre alternative: le seul point de référence pour l'accomplissement de la parole donnée par Dieu, était précisément Jacob.

Il était tout à fait clair que Jacob dans le plan divin était la personne sur qui la promesse de l'Éternel devait être accomplie, et qui serait plus tard reconnue comme la `` souche '' d'une nation appelée Israël, et que ses enfants deviendraient les douze tribus de cet état, et que finalement de cette «souche», sortirait David, de la famille de laquelle viendrait Jésus, le Messie, le Sauveur du monde. Avec ce vaste contexte à l'esprit, nous pouvons mieux comprendre pourquoi Jacob a été sérieusement menacé de mort et d'extermination.

S'il avait été tué par Ésaü, (comme ils l'étaient vraiment dans ses plans), Jacob aurait été éliminé, le dernier fils, Benjamin, ne serait pas né, les tribus de la nation juive n'auraient pas été complètes (puisque dans l'état actuel, les nés de Jacob étaient 11).

En supposant qu'Ésaü s'était limité à tuer Jacob seul, (ce qui est impossible à croire selon la même conviction que Jacob avait exprimée, que son frère n'aurait pas épargné les mères et les enfants), (v.11) façon, il n'était pas la seule personne de Jacob avec sa famille; c'était le plan de Dieu, la promesse divine qu'il ferait naufrage. En fait, si Jacob et ses descendants étaient éliminés, la parole du Seigneur serait également annulée.

Un tel complot que les hommes n'ont pas vu, et qui au mieux pourrait être considéré comme une «vengeance familiale», n'a pas été conçu par un être humain nommé Ésaü (même s'il aurait été considéré comme l'architecte matériel); il y avait toute la force de l'enfer combinée pour mener à bien ce plan. Ésaü ne pouvait être considéré que comme un «outil» pour atteindre cet objectif.

Si Dieu détache son campement d'anges, à ce moment et à cet endroit précis où devait avoir lieu la plus grande bataille entre les forces du mal et les puissances du bien, Il savait à l'avance comment les choses allaient se passer. Les forces de l'enfer, dirigées par Satan, avaient fait rage et juré avec détermination que Jacob et sa famille avaient été éliminés de la scène humaine. Il fallait donc que Dieu intervienne dans cette circonstance particulière et que Jacob, l'homme que Dieu ne «formait» pas encore, ait une «protection» sûre et un «refuge» sûr.

C'est pourquoi Jacob, voyant les anges de Dieu, comprit que c'était le camp de Dieu; il n'hésita donc pas à lui donner le nom: Mahanaim = "abri, abri, protection, refuge". Enfin, il ne s'agissait pas seulement de protéger, un homme, une famille, une future nation qui aurait dû naître, (Israël) il y avait tout le plan de rédemption qui était sérieusement menacé, avec pour conséquence qu'il n'y aurait pas de salut pour pas de pécheur.

Jacob, en fait, n'est pas seulement le représentant d'une nation (Israël selon la chair), il est aussi le mandant de l'*Israël de Dieu* (Galates 6:16) qui est l'église de Jésus-Christ, c'est-à-dire chacun personne qui accepte Jésus, comme son Sauveur personnel. Tout comme Dieu a protégé et délivré Jacob tout au long de sa vie, il défendra et protégera l'existence de chacun de ses enfants.

Chapitre 12

LA NOUVELLE RÉSIDENCE DE JACOB AU SICHEM

yant réglé l'affaire avec Ésaü, Jacob installe sa nouvelle résidence en plantant ses tentes devant la ville de Sichem. Puisque le terrain sur lequel il s'est installé n'est pas sa propriété, il l'achète *pour cent pièces d'argent aux fils de Hamor*. Bien que cette opération d'achat du terrain à proprement parler, il aurait dû la faire avant de commencer les travaux, il a néanmoins voulu légaliser l'affaire, afin d'éviter une éventuelle accusation de s'approprier le terrain qui ne lui appartenait pas. Cette première action que Jacob entreprend après le changement de nom sert à montrer que les choses ont réellement changé dans sa façon de traiter les autres.

La démonstration est fournie sur un plan pratique, c'est-à-dire avec les gens du lieu où il avait établi sa nouvelle résidence. Ce nouveau nom que Jacob a reçu, d'un point de vue chrétien, correspond à la *nouvelle naissance*. L'apôtre Paul écrira plus tard:

Par conséquent, si quelqu'un est en Christ, il est une nouvelle création; les choses anciennes sont passées; voici, toutes choses sont devenues nouvelles (2 Corinthiens 5:17).

Quand une personne naît de nouveau, c'est-à-dire qu'elle reçoit la vie de Dieu, elle vit différemment de ce qu'elle a fait dans le passé. Ceci, bien sûr, ne se produit pas à un niveau hypothétique-imaginaire, mais à un niveau pratique. Cela commence par sa vie en ce qui concerne les relations de communion avec Dieu et un intérêt pour ses choses, puis il s'étend aux relations sociales avec les autres de son espèce. De cette manière, le témoignage qui est donné sert non seulement à faire savoir aux autres ce qui s'est passé dans sa vie, mais sert principalement à louer et à glorifier le nom du Seigneur, celui qui a provoqué le changement.

a) Jacob érige un autel à Sichem

Après avoir dressé ses tentes et installé sa famille, Jacob érige un autel et l'appelle: **El-Elohey-Israël** = Le Dieu puissant d'Israël. Cet autel qu'il a érigé sert non seulement de lieu de culte à Dieu pour lui exprimer ses sentiments et sa gratitude pour l'avoir conduit à cet endroit et pour avoir commencé à façonner sa vie selon les plans de sa volonté, il sert aussi comme moyen de témoignage pour ceux qui entrent en contact avec lui.

En d'autres termes: lorsque les populations locales s'approchent de l'endroit où Jacob a dressé ses tentes et voient l'autel qu'il a érigé, elles seront amenées à lui demander des explications, et à leur faire connaître la vraie raison qui l'a poussé à l'ériger, depuis ils savent qu'il n'est pas l'un d'eux, mais plutôt un étranger qui a établi sa résidence parmi eux. De plus, l'autel que Jacob a érigé ne servira pas à offrir des animaux à son Dieu, comme cela se fera plus tard au temps de Moïse, mais sera essentiellement un lieu d'adoration et d'invocation à Dieu.

Enfin, si Jacob ne savait pas ce que son grand-père Abraham avait fait, lorsqu'il arriva *aux chênes de Mamré qui sont à Hébron; et là, il bâtit un autel au Seigneur* (Genèse 13:18), il érigea un autel, il se comporta de la même manière qu'Abraham, bien des années avant lui. En conclusion, il faut garder à l'esprit que si Jacob a érigé cet hébergement à Sichem, il ne l'a pas fait parce que Dieu lui avait donné un ordre, mais il l'a fait dans sa spontanéité. A cet égard, il y a à apprécier et en même temps il y a beaucoup à apprendre, de cet homme de l'antiquité.

b) Une réflexion sur l'autel de Sichem

Les enfants de Dieu et les disciples du Christ Jésus vivent leur vie parmi les hommes de ce monde. Cependant, cela ne signifie pas qu'ils lui appartiennent, ils appartiennent plutôt à Jésus-Christ, qui les a achetés avec son sang versé sur le Golgotha. En conséquence de ce fait, tout en vivant dans ce monde, ils vivent et se comportent comme des étrangers et des pèlerins, ayant pour but d'existence: la cité céleste, *dont l'architecte et le bâtisseur est Dieu* (Hébreux 11:10). Lorsqu'ils expriment leurs sentiments de gratitude et de gratitude à leur Seigneur pour les avoir sauvés de la condamnation éternelle de leur péché, ils le font non seulement en le remerciant et en le louant pour la grâce reçue, mais aussi en l'adorant surtout *en esprit et en vérité,* car il l'exige lui-même. un *culte similaire* (Jean 4:23-24).

Pour exercer cette pieuse dévotion, ils n'ont pas besoin d'avoir des images ou des sculptures devant eux; des statues en or, en argent, en fer, en bois, en pierre ou en plâtre (comme le font ceux qui ne connaissent pas le vrai Dieu et Sa Parole). Au lieu de cela, ils ne le font qu'en esprit et en vérité, et offrent des prières, des remerciements et de l'adoration, avec spontanéité et liberté d'esprit, pensant avant tout que le Dieu qu'ils adorent est présent partout où Son Nom est invoqué. Leur façon de prier n'est pas parsemée de *répétitions inutiles, comme le font les païens, pensant qu'ils seront entendus pour le grand nombre de leurs paroles* (Matthieu 6: 7), mais ils se tournent vers Dieu, l'appelant, *notre Père qui es aux cieux...* (v.9). Ils l'adorent en esprit et en vérité avec la conscience d'être devant Celui qui mérite louange, honneur et gloire. Ce faisant, ils élèvent non seulement leur âme au rang de leur Sauveur et Seigneur bien-aimé, mais aussi pour témoigner à ceux qui entrent en contact avec eux, comment adorer et servir Dieu de leur vie.

L'autel qu'ils érigent n'est pas un simulacre sacré pour être irrité à certaines occasions, mais un lieu où ils peuvent rencontrer Dieu, avoir ces relations intimes avec Lui, pour enrichir leur expérience chrétienne. Ils n'ont pas à avoir honte si, se trouvant au milieu d'un peuple priant diverses divinités, ils désignent la véritable source de vie et de jouissance, c'est-à-dire le vrai Dieu, le *Donneur de vie, de souffle et de tout* (Actes 17:23-25).

Chapitre 13

UN FAIT TRISTE DANS LA FAMILLE DE JACOB

'histoire de Dina, la fille de Jacob, et de sa violation par un habitant de Sichem, est racontée au chapitre 34 de la Genèse, avec de riches détails. On ne sait pas combien de temps s'est écoulé depuis que Jacob a installé sa famille dans les environs de la ville de Sichem, et le viol que Dina a subi, à sa première sortie. La fille de Lea a grandi maintenant, et il n'est pas illogique de penser (comme certains l'ont fait) qu'elle avait quinze à seize ans à l'époque, même si le texte sacré ne dit rien sur les années de la fille quand elle est venue. violé.

Considérant que Dina est née avant Joseph (30:21) et que Jacob après la naissance de Joseph est resté avec Laban encore six ans (31:41), quand il a quitté Paddan-aram avec sa famille, Dina devait avoir environ huit ans. En ajoutant à cela tout le temps du voyage et du séjour à Soukkoth (qui aura sûrement duré quelques années), on peut arriver à l'âge ci-dessus. Bien que l'âge exact de Dina ne puisse être établi, elle n'est certainement pas la fillette de huit ans qui est kidnappée et violée par le prince du pays.

Dina a grandi dans sa famille avec ses onze frères, et pendant de nombreuses années, elle n'avait eu aucun contact avec le monde extérieur. Maintenant que la famille s'est installée dans les environs de la ville de Sichem, il aura exprimé à sa mère (d'une manière particulière) le désir de faire connaissance *avec les filles du pays* (34:1). Le texte précise que Dina *est sortie pour voir ...* Il va sans *dire* que dans sa libération il y avait une volonté de nouer des amitiés avec des filles de son âge; alors que l'on ne peut pas en dire autant si, lors de sa libération, il y avait aussi le désir de faire connaissance avec un garçon à des fins sexuelles.

Le fait même que Dina soit kidnappé et violée à la première sortie nous amène à penser que si elle avait imaginé ce qui allait lui arriver, elle n'aurait pas facilement quitté sa tente. Il est courant de penser que Dina était une fille séduisante et jolie, facilement désirable par les hommes. Le même prince du pays, le fils d'Hamor, en la voyant pour la première fois, l'a *kidnappée, s'est couchée avec elle et l'a violée*, (v.2), est un élément qu'il faut garder à l'esprit, afin de donner une interprétation juste et équilibrée de tout ce qui s'est passé. Les trois mots que rapporte le texte: *kidnappé, couché* et *violé*, nous amènent à formuler les questions suivantes.

Au moment du « enlèvement », Dina était-elle seule dans une partie de la ville ou était-elle en compagnie d'autres filles de son âge? Quand le ravisseur l'a emmenée au lit pour se coucher avec elle, Dina a-t-elle réalisé ce que son ravisseur allait faire? Lorsqu'elle a été soumise à un «viol», c'est-à-dire à avoir des relations sexuelles avec l'homme qui était à côté d'elle, Dina a-t-elle résisté ou a-t-elle consenti (au sens de participer avec sa volonté) à avoir des relations sexuelles? La scène de viol s'est-elle déroulée pacifiquement ou sous la menace? Les quatre questions que nous avons formulées nécessitent une réponse, et l'opinion émergera de la façon dont nous encadrons toute l'histoire.

Puisque le texte sacré ne nous aide pas à comprendre tout ce qui s'est passé ce jour-là, encore moins les quatre questions que nous avons formulées, nous devons alors utiliser un raisonnement cohérent, même si nous utilisons des mots et des concepts de notre temps.

1) Au moment du «enlèvement», Dina était-elle seule dans une partie de la ville ou était-elle en compagnie d'autres filles de son âge?

A cette première question, (si Dina était seule ou en compagnie), il n'y a pas d'élément nouveau pour procéder à un enlèvement. On sait, en effet, que lorsqu'un «enlèvement» doit être effectué, ceux qui sont mandatés savent comment mener à bien l'opération. Si la personne qui doit être kidnappée se retrouve `` seule '', il est logique que l'opération soit rendue très facile, tandis que s'il est en compagnie d'autres personnes, elle nécessitera une tactique différente qui, également, sera couronnée de succès. Du point de vue objectif, il n'est pas si important d'établir si Dina était seule ou en compagnie au moment de son enlèvement: la réponse est valable pour les deux.

2) Lorsque le ravisseur l'a emmenée au lit pour aller se coucher avec elle, Dina a-t-elle réalisé ce que son ravisseur allait faire?

S'il est admis qu'au moment de l'enlèvement, Dina aura été âgée de quinze à seize ans, (pour une femme de ces années, elle est déjà en état de puberté, à quelques exceptions près, même en pensant aux temps anciens) emmenée à lit par un homme, il est logique de penser que Dina, sans doute, aura compris que son ravisseur voulait passer une nuit en effusion amoureuse avec elle. La réponse est donc oui

3) Lorsqu'elle a été soumise au «viol», c'est-à-dire pour avoir des relations sexuelles avec l'homme qui était à côté d'elle, Dina a-t-elle résisté ou a-t-elle consenti (au sens de participer avec sa volonté) à avoir des relations sexuelles?

Donner une réponse catégorique, que ce soit pour un oui ou un non, n'est pas facile. Si Dina était sortie d'autres fois, il y aurait des raisons (du moins de penser) qu'une certaine participation active ne serait pas exclue. Cependant, comme l'enlèvement sexuel lui est arrivé la première fois qu'il *est allé voir les filles du pays* , il n'est pas si improbable que ce ne soit pas sa volonté, que l'homme qui l'avait emmenée au lit ait eu des rapports sexuels avec elle. .

4) La scène de viol s'est-elle déroulée pacifiquement ou sous la menace?

La quatrième et dernière question, en plus de présenter une certaine difficulté à répondre, que vous pensiez à une action pacifique ou qu'elle se soit déroulée face à une menace, tout dépend de l'évolution des choses. Puisque notre texte précise que Sichem (le nom du prince qui a violé Dina) s'est *lié avec son âme* à Dina, l'*aimait et parlait à son cœur* (v. 3), on est amené à se demander si ces sentiments les ont manifestés après un rapport sexuel ou avant. S'il les avait manifestés auparavant, c'est-à-dire qu'il avait dit à Dina: Je ne t'ai pas kidnappée simplement parce que j'étais enflammée par ma luxure, mais je l'ai fait avec l'intention précise de vouloir t'épouser. En fait, il n'est pas difficile de penser que l'acte sexuel aurait été consommé pacifiquement. Mais s'il les avait manifestés plus tard, il est logique de penser à une menace.

En revanche, si l'auteur de notre histoire avait eu l'intention de nous parler d'un viol, il aurait sûrement fourni les éléments nécessaires pour éviter de donner une mauvaise interprétation à tout ce qui s'est passé. Puisque son but était autre chose, il se limite uniquement à nous dire ce qui s'est passé à cette époque lointaine à Dina, et en même temps à nous faire savoir comment la famille de Jacob s'est comportée dans cette circonstance. Abordant le sujet du viol, tel que les juges de ce pays y font face, nous dirions aussi qu'aucun viol ne peut être commis par un homme contre une femme, si elle n'est pas `` consentante '', c'est-à-dire qu'elle " participe " activement. Enfin, la constitution anatomique de la femme est telle que l'homme ne pourra jamais la violer, si cette dernière s'y oppose. Laissant de côté la question du viol lui-même, passons plutôt à l'examen de l'action de la famille de Jacob.

Que l'homme dans notre texte ait eu des intentions sérieuses pour Dina, après avoir eu des relations sexuelles avec elle qu'il voulait vraiment l'épouser, semble assez clair, à la fois du fait qu'il a *parlé au cœur de la fille* et de la demande précise qu'il a faite à son père en demandant à cette fille sa femme (v. 4). En comparant avec un autre récit biblique, entre Amnon et Tamar (2 Samuel 13:1-15), on peut tout de suite voir que chez Amnon il n'y avait qu'un sentiment `` passionné '', dans le sens où ce qu'il a fait, violer sa sœur Tamar, visait à satisfaire ses désirs charnels, tandis que ce que Sichem manifestait à l'égard de Dina n'était pas seulement une certaine volonté de «réparer» les dommages causés, mais surtout une volonté déterminée de la vouloir comme son épouse légitime.

En fait, si son `` enlèvement '' n'avait eu que pour but de satisfaire ses instincts sexuels, en raison de la position qu'il occupait, en tant que `` prince de la ville '', il n'aurait eu aucune difficulté à oublier Dina et à ne pas la demander comme sa femme.

a) La nouvelle du viol de Dina parvient à Jacob

Que la triste nouvelle du viol de Dina soit parvenue à Jacob, est clairement indiqué dans notre récit, mais on ne nous dit pas par qui. Est-ce l'un des Sichémites qui a rapporté à Jacob ce qui était arrivé à sa fille Dina, ou le père de Sichem lui-même, ou la même fille l'a-t-elle confessé à sa mère et sa mère à son mari? Tout est possible pour les différentes hypothèses. Pour les besoins de notre enquête, il importe peu de savoir par qui Jacob a appris le viol de sa fille. Or, puisque nous voulons nous attarder sur l'attitude que Jacob a prise dans cette circonstance particulière, toutes les autres choses qui pourraient apparaître sur la scène de l'événement ont une valeur purement accessoire.

Jacob apprit alors qu'il (Sichem) *avait déshonoré sa fille Dina; mais ses fils étaient dans les champs avec son bétail, ainsi Jacob se tut jusqu'à ce qu'ils reviennent* (v. 5).

La spécification qui fait le texte sert principalement à souligner que Dina a été violée par Sichem, fils de Hamor et non par aucun garçon de la ville. Le fait que Jacob se *taise* devant cette triste nouvelle, ne veut pas dire qu'il est resté indifférent, mais simplement ne voulait pas réagir séparément de ses enfants, puisque ces derniers, au moment de la nouvelle, étaient dans les *champs avec ses le bétail*. Qui a apporté la nouvelle aux fils de Jacob, nous ne le savons pas. L'enseignement le plus simple que l'on puisse tirer de toute cette histoire est que: *Rien ne restera secret*, selon l'enseignement faisant autorité de Jésus (cf. Matthieu 10:26).

Puisque le violeur a avoué à son père ce qu'il avait fait, en tenant compte du fait que son âme était liée à la fille qu'il avait violée et qu'il avait la volonté de l'épouser, la tâche qu'il confie à son père de demander à Jacob de lui donner sa fille Dina en tant qu'épouse fait partie de la logique des choses. En effet, Hamor, se rendant compte que son fils Sichem, non seulement lui avait avoué qu'il avait déjà eu des relations sexuelles avec Dina, mais qu'il la voulait aussi pour sa femme légitime, ne trouve aucune difficulté à en parler à Jacob.

Que la conversation ait eu lieu initialement entre les deux pères et par la suite devant les fils de Jacob, en présence du même fils Sichem, est clairement indiqué dans (vv. 6-12). Le père de Sichem, d'une part, pour donner plus de poids à sa demande, a proposé à la famille de Jacob d'établir un pacte d'`` alliance '' avec eux de telle manière que, non seulement le cas spécifique de son propre fils doit être résolu, mais que aussi les fils de Jacob auraient eu la possibilité de choisir pour leurs femmes, les filles du Hivvei, et que ces derniers auraient pu prendre pour épouses les filles de la famille de Jacob.

De plus, la famille de Jacob aurait une grande liberté pour «habiter» sur tout le territoire, pour «faire du commerce» et «acheter une propriété». D'autre part, c'est-à-dire que Sichem, afin de démontrer son désir sérieux d'avoir Dina comme épouse légitime, est prêt à donner toute dot ou cadeau que les fils de Jacob voudront lui imposer (vv.11,12). D'après ces détails, on peut comprendre que Hamor et son fils Sichem parlaient sérieusement avec la famille de Jacob.

Il semble étrange que dans ce genre de «négociation», Jacob se taise et que ceux qui parlent sont ses enfants. On nous demande: pourquoi Jacob a-t-il pris cette position? En tant que père (surtout à cette époque, en ce qui concerne le mariage), c'est lui qui a le dernier mot et qui décide du mariage de ses enfants. Pourquoi diable laisse-t-il les enfants prendre la décision? Était-ce son manque de courage ou de faiblesse?

Bien sûr, si Jacob avait su ce qu'il y avait dans l'âme de ses fils et quel plan ils avaient décidé de mettre en œuvre pour venger le déshonneur de sa sœur, il aurait pris les choses en main, il aurait été celui qui aurait défini toute l'affaire et l'effusion de sang aurait été évitée.

b) La proposition des fils de Jacob

Alors les fils de Jacob répondirent à Sichem et à Hamor son père et leur parlèrent avec ruse, parce que Sichem avait déshonoré leur sœur Dina, et ils leur dirent: «Nous ne pouvons pas faire cela, et c'est donner notre sœur à quelqu'un qui ne l'est pas circoncis, car ce serait un déshonneur pour nous.

Ce n'est qu'à cette condition que nous accepterons votre demande: si vous devenez comme nous, faire circoncire tous les hommes parmi vous.

Ensuite, nous vous donnerons nos filles et nous prendrons vos filles, nous vivrons avec vous et nous deviendrons un seul peuple.

Mais si vous ne voulez pas nous écouter et que vous ne voulez pas être circoncis, nous prendrons notre fille et partirons. "

Leurs paroles ont plu à Hamor et à Sichem, fils de Hamor.

Et le jeune homme n'a pas hésité à faire la chose, parce qu'il aimait la fille de Jacob et était l'homme le plus honoré de toute la maison de son père. (Vv. 13-19).

Si le texte biblique ne nous a pas fait connaître tout le contexte de ce qui est arrivé aux Sichémites, après la circoncision de leurs mâles, à la suite de la proposition que les fils de Jacob ont faite, nous pourrions donner un sens différent à toute la question. D'ailleurs, compte tenu des mots de la proposition ... *Nous allons prendre notre fille et partir , et, le jeune homme n'a pas hésité à faire la chose ...* , il est immédiatement clair que Dina est déjà dans la maison de Sichem et est plus sous la surveillance de la famille de Jacob.

Le fait que Dina, dans cette négociation ne dise aucun mot (selon le texte biblique), montre qu'elle a accepté que Sichem devienne son mari (cf. Genèse 24: 51,57-58). Enfin, face au raisonnement-proposition des fils de Jacob et au silence de ce dernier, on ne peut s'empêcher de faire quelques réflexions.

c) Une réflexion sur le silence de Jacob

La première observation que l'on est amené à faire est le fait que le silence de Jacob ne peut être justifié sur une question qui concernait sa famille. Si Jacob s'était retrouvé dans un état de handicap physique, incapable d'exercer son rôle de père, son silence pouvait être justifié et l'intervention des enfants appréciée. Cependant, comme Jacob n'était pas dans cet état, son silence ne peut être toléré.

L'expérience qu'il avait, (à commencer par la recommandation sincère que ses parents à l'époque lui avaient fait de ne pas épouser les filles de Canaan, (et le Hivvei appartenait à ce territoire) dérivée des années qu'il portait sur ses épaules, aurait dû lui faire sentir le poids de son intervention dans cette situation critique. S'il ne déplorait que fermement et sans équivoque ce qu'avaient fait Sichem et sa fille Dina (nous sommes persuadés que Dina dans cette affaire avait sa part de responsabilité), et n'avait rien dit de plus, sa position ferme, il aurait mieux parlé que n'importe quel autre mot.

En pensant alors à son expérience de la vie religieuse et à la connaissance de Dieu qu'il avait, (que ses enfants n'avaient pas, du moins à cette époque), il aurait dû corriger ses enfants, quand ils proposèrent aux Hivvei, de le devenir et les mêmes personnes avec leur. Oui, il est vrai qu'à cette époque, il n'y avait pas d'interdiction dans (Deutéronome 7: 1-3) concernant le mariage au Hivvei par les enfants d'Israël, mais sur la base de son expérience et de ses connaissances, il aurait dû au moins s'opposer à cela genre de mariage, même si sa fille Dina a refusé de suivre ses conseils.

Jacob, dans cette circonstance particulière, a échoué dans son rôle de père, en raison de son silence devant une affaire qui le concernait de près.

De cet épisode, il y a tant à apprendre, non pas pour faire la même erreur que Jacob, bien sûr, mais plutôt pour l'empêcher. En effet, si nous changeons le raisonnement et l'adaptons à notre époque et à notre génération, tout père chrétien, qui connaît la Parole de Dieu, devrait parler clairement à ses enfants et leur faire comprendre qu'un mariage qui est contracté avec des étrangers (et par étrangers, nous entendons ceux qui ont une foi différente), entraîne des conséquences désastreuses d'un point de vue spirituel.

Même s'il est vrai que de nos jours les enfants ne savent pas toujours écouter les bons conseils des parents en matière de mariage, au moins ils pourront dire un lendemain (même s'ils le diront en eux-mêmes): je ai été avertis et mis en garde contre un danger éventuel; Je ne voulais pas écouter. J'ai préféré persister dans ma volonté et je n'ai pas tenu dûment compte du facteur de la foi.

Revenant à Jacob avec Dina, qui dans ce cas était le viol consommé, comment cet accident devrait-il être résolu et les dégâts causés? Certainement pas avec une stratégie comme celle que les fils de Jacob ont imaginée, mais en plaçant le sujet (en l'occurrence Dina) avant sa responsabilité et son libre choix. Le massacre perpétré par Siméon et Lévi, lorsqu'ils ont mis tous les hommes de la ville à l'épée, y compris Hamor et son fils Sichem, était bien pire que le viol que le prince de la ville a commis contre leur sœur Dina.

Les deux fils de Jacob ont-ils reconnu le crime qu'ils ont commis en tuant tant d'innocents? Ont-ils demandé pardon à Dieu pour l'acte répréhensible? Oui, il est vrai que Jacob n'a pas approuvé l'action violente de ses fils (v. 30), mais de la réponse que les auteurs du crime ont donnée à leur père: *"Aurait-il dû traiter notre sœur comme une prostituée?"* (V. 31), il n'y a pas le moindre signe de repentir et de regret pour ce qu'ils ont fait.

Comme l'enseignement de Jésus est différent, lorsque certains abus et dommages sont subis! *Si quelqu'un vous oblige à faire un mille, faites-en deux avec lui* (Matthieu 5:41); *Si quelqu'un vous frappe sur une joue, tournez-la aussi; et quiconque enlève votre manteau, ne vous arrêtez pas aussi de prendre votre tunique* (Luc 6:29).

La vengeance n'a jamais résolu les problèmes sociaux au milieu de l'humanité, elle les a toujours exacerbés et compliqués au-delà de l'imagination. Enfin, le mal n'est pas vaincu par un autre mal, mais par le bien (cf. Romains 12, 21). Seigneur, aide-nous à vivre notre vie chrétienne au milieu de cette *génération* insensée et *perverse* (Actes 2:40; *et à briller comme des lumières dans le monde, soutenant la parole de vie* (Ph 2:15). Amen!

Chapitre 14

DIEU ORDONNE JACOB DE DEPLACER DE SICHEM POUR ALLER A BETHEL

Dieu dit à Jacob: «Lève-toi, monte à Béthel et habite-y; et fais un autel en ce lieu au Dieu qui t'es apparu, quand tu t'es enfui devant ton frère Ésaü."

Alors Jacob dit à sa famille et à tous ceux qui étaient avec lui: «Enlevez les dieux étrangers du milieu de vous, purifiez-vous et changez de vêtements;

Alors levons-nous et allons à Béthel, et j'y ferai un autel au Dieu qui m'a entendu au jour de mon adversité et qui était avec moi dans le voyage que j'ai fait. "

Puis ils donnèrent à Jacob tous les dieux étrangers qu'ils avaient et les boucles d'oreilles qu'ils portaient à leurs oreilles; et Jacob les cacha sous le chêne qui se dresse près de Sichem (35: 1-4).

a) La forme du discours de Dieu à Jacob

La première chose à noter concerne la forme du discours de Dieu. Lorsqu'Il a parlé à Jacob d'aller à Béthel, Il ne lui a pas dit sous la forme d'un conseil, mais en lui donnant un ordre spécifique. Les conseils, bons ou mauvais, peuvent être acceptés ou rejetés, et chacun y répondra en fonction de son évaluation. En revanche, une commande ne doit pas être discutée et analysée pour savoir si elle doit être exécutée ou non, elle doit être exécutée sans remise en cause (cf. Ps. 119: 4). Avec ce commandement, Dieu voulait faire comprendre à Jacob qu'il voulait diriger son pèlerinage.

Tous les ordres que Dieu donne à son peuple ont toujours ce but. Si Dieu guide notre vie de pèlerin (et la vie chrétienne est un vrai pèlerinage, non pas dans le sens d'aller dans un sanctuaire ou un lieu sacré, comme beaucoup le font souvent, mais dans le vrai sens que nous sommes tous des pèlerins et des étrangers dans ce monde) (1 Pierre 2:11), notre destination et notre avenir sont assurés. Même si les chrétiens, comme tout le monde, ne connaissent pas leur avenir, ils ne savent pas ce qu'ils rencontreront demain, tels que: les adversités de la vie, les épreuves, les problèmes et les nombreux dangers qui menacent souvent l'existence humaine, cependant, un reste conscient que Dieu, en vertu de sa souveraineté, a tout sous contrôle.

Tenant compte du fait que les diverses difficultés de la vie n'envoient pas d'avertissements, mais apparaissent soudainement, et, très souvent, elles nous tombent dessus comme de lourds rochers qui écrasent tout, ayant Dieu comme guide de notre vie, cela représente la meilleure garantie pour notre vie destination et notre avenir. De cette façon, nous pouvons marcher dans les voies de Dieu, sans être bloqués ou entravés dans notre but.

b) Parce que Dieu a ordonné à Jacob d'aller à Béthel

La nouvelle destination que Dieu indique à Jacob n'a pas été faite par hasard. Si Dieu lui avait donné un autre lieu comme destination, Jacob aurait-il obéi de toute façon, sans demander une explication, ni dire «pourquoi»?

Du point de vue humain, on sait que Jacob, *devant la ville de Sichem* , où il avait dressé ses tentes et installé sa famille, allait bien. Il avait acheté le terrain où il avait attendu; il se lie facilement d'amitié avec les locaux et les mêmes affaires lui conviennent. Il s'était assez bien placé à cet endroit, comme on dirait en termes modernes. Bref, il y avait toutes les conditions pour que Jacob dise à Dieu: pourquoi dois-je bouger?

Bien que le cas de sa fille Dina et le massacre qui a été commis par ses deux fils, Simeone et Levi, lui aient posé un grave problème, néanmoins dans l'esprit et les plans du patriarche, aucun changement de résidence n'était prévu.

D'après ce que l'on peut comprendre du texte biblique, en le lisant avec un peu d'attention, Béthel était un lieu particulier pour Jacob, pas tant selon ce qu'il aurait pu voir, que selon ce que Dieu voulait lui enseigner, même si à Sichem, le patriarche n'en a probablement pas tenu compte. En fait, il y avait trois raisons pour lesquelles Béthel était considéré comme un endroit particulier:

1) À cet endroit, Jacob eut un rêve extraordinaire;

2) Dieu lui a parlé et lui a fait des promesses;

3) À cet endroit, Jacob fit un vœu à Dieu.

Tout ce que résument ces trois motifs est clairement décrit dans 28: 10-22. Dans ce passage, il est dit que Jacob a quitté Beer Sheva pour Haran, et est arrivé à Béthel comme le soleil était déjà couché, il a passé la nuit là-bas, car il ne pouvait pas continuer son chemin. C'était cette même nuit et à cet endroit que Jacob a vu dans son rêve

Une échelle posée au sol, dont le sommet touchait le ciel; et voici, les anges de Dieu montèrent et descendirent sur elle (v. 12).

Que ce rêve signifiât quelque chose de spécial pour Jacob et n'était pas une erreur courante est clairement spécifié par ce que Dieu lui a dit et par la même observation que Jacob a faite quand il s'est réveillé de son rêve. *«Certes, le Seigneur est ici, et je ne le savais pas»* (v. 16). Et si l'on tient compte de ce que Dieu lui a dit et des promesses qu'il lui a faites, l'importance qu'avait Béthel est plus évidente que jamais.

Finalement, c'est à Béthel que Jacob fit un vœu, à la suite de ce que Dieu lui avait dit et des promesses qui lui avaient été faites, un vœu qu'il n'avait pas encore accompli. Pourtant, 30 ans s'étaient écoulés et certaines des promesses divines avaient déjà été tenues. Jacob avait facilement oublié quelque chose à propos de Béthel, en particulier le vœu qu'il avait fait.

Il faut tenir dûment compte du fait que Dieu n'a pas ordonné à Jacob de passer ou de faire une visite à Béthel, mais de «y habiter». Cette fois, il n'est pas nécessaire de quitter cet endroit rapidement, en raison de la grave menace de mort qui se profile; au lieu de cela, il y a «permanent», puisque Dieu avait résolu le problème du danger qui existait entre Jacob et Ésaü.

Enfin, pour Jacob, aller au Béthel signifiait «revivre» un moment de son passé et se souvenir des promesses divines. Il est facile pour les chrétiens d'aujourd'hui, comme de tous les temps, de ne pas garder à l'esprit les expériences du passé. Dieu veut ramener ses enfants à Béthel, afin que là, dans une perspective différente et nouvelle, certaines expériences du passé puissent être remémorées, vivantes dans l'esprit et dans le cœur.

c) Ce que Jacob aurait dû faire à Béthel

Quand Jacob s'installa devant la ville de Sichem, après avoir installé sa famille, il construisit un autel, sans que Dieu lui ait ordonné de le faire. A Béthel, au contraire, c'est Dieu qui ordonne à Jacob de faire un autel à celui qui lui est apparu lorsqu'il s'est enfui devant son frère Ésaü. Faire quelque chose spontanément, sans que personne ne nous ait donné une suggestion ou motivé pour le faire et le faire à la place sous un ordre divin précis, il y a une différence notable.

A Sichem, Jacob avait fait un autel qui, sans doute, avait servi de lieu de culte à Dieu, mais aussi de moyen de témoignage. Quand Jacob adorait son Dieu, les gens du pays le connaissaient non seulement comme une personne qui adorait le vrai Dieu, mais il était aussi un adorateur différent de celui des Cananéens qui adoraient et servaient tant de dieux. En outre, Jacob, avec son adoration à l'autel qu'il avait fait, a également parlé de Qui l'avait amené à cet endroit.

A Béthel, en revanche, l'autel était censé servir de rappel à Dieu qui lui était apparu lorsque sa vie était sérieusement menacée de mort, l'assurance de la présence constante de Dieu partout où il irait, et la protection divine sûre, avec la certitude que Dieu le ramènerait dans le pays de son père, sans jamais l'abandonner, avant d'avoir fait ce qu'on lui avait promis.

Comme vous pouvez le voir, tout aurait été différent, non seulement parce qu'il y avait un ordre divin, mais aussi parce que les mêmes motivations étaient différentes. En conclusion, cet autel que Jacob aurait fait ne servirait pas tant comme moyen de témoignage aux autres qu'il était un adorateur du vrai Dieu, que pour se rappeler son passé, comment *Dieu l'avait entendu au jour de son adversité. Et comment il avait été conduit dans le voyage qu'il avait fait* (v. 3).

d) Jacob a préparé sa famille pour la nouvelle résidence

Recevant l'ordre de Dieu d'aller à Béthel, Jacob a parlé à sa *famille et à tous ceux qui étaient avec lui, leur faisant* connaître la volonté divine, en référence à ce transfert. Que l'action de Jacob souligne la responsabilité d'un chef de famille semble assez clair pour ne laisser aucune ombre d'incertitude chez qui que ce soit. Il ne s'agit donc pas d'obtenir un consentement partiel, mais il y a eu unanimité dans l'ensemble, personne n'ayant fait d'objection.

Cela prouve que tout le monde a fait confiance à Jacob et lui a montré son plein respect. Le triple ordre qui lui a été donné disait: *«Retirez de vos moyens les dieux étrangers, purifiez-vous et changez de vêtements; alors levons-nous et allons à Béthel ...* (vv. 2,3). Le discours de Jacob peut être expliqué de deux manières. 1) soit qu'il a vu les dieux étrangers parmi eux, 2) soit qu'il a parlé prophétiquement pour révéler des choses cachées.

Qu'il y ait eu des idoles dans la famille de Jacob est prouvé par le fait qu'après avoir ordonné, *ils ont donné à Jacob tous les dieux étrangers qu'ils avaient* (v. 4). Il faut garder à l'esprit que lorsque Jacob quitta Paddan-aram avec sa famille, sa femme Rachel vola les dieux de la maison de son père, sans rien dire à son mari (31:30,34). Va-t-elle parler plus tard à son mari du vol qu'elle a commis dans la maison de son père?

A-t-elle gardé les dieux qu'elle avait pris dans sa tente pour que les autres puissent les voir, ou les gardait-elle plutôt cachés? Il nous semble qu'il les a gardés cachés. Le fait que le texte biblique déclare que tous les dieux étrangers ont été donnés à Jacob était une preuve que dans sa famille il n'y avait pas que ceux qui avaient pris Rachel, il y en avait d'autres. Qui les a obtenus et d'où, nous ne sommes pas informés. Cependant, en pensant au temps qu'ils avaient passé à Souccot et à Sichem, il est facile de penser qu'ils les avaient enlevés à ces habitants. De plus, il est difficile d'admettre que Jacob, voyant les dieux étrangers au milieu de sa famille, a fait semblant de ne pas les voir, et pire encore les a tolérés.

Compte tenu de cela, nous sommes plutôt amenés à penser que ces dieux étrangers les gardaient cachés et que lorsque Jacob en a parlé, il a été conduit par le Saint-Esprit à révéler les choses cachées qui se trouvaient dans sa maison. Combien de dieux étrangers ont été remis à Jacob, nous ne savons pas. Sans aucun doute, il devait y en avoir plusieurs. Enfin, on peut imaginer la surprise qu'a eu le patriarche en se voyant remettre entre ses mains tous ces dieux qui, qui sait depuis combien de temps, se sont cachés dans sa maison.

L'ordre n'était pas seulement d'éliminer les dieux étrangers, il comprenait également la purification et le changement de leurs vêtements. Avec la suppression de tous les dieux étrangers, la purification et le changement de vêtements, la famille de Jacob et tous les autres qui étaient avec eux étaient prêts à partir pour Béthel. La phrase: *alors levons-nous et partons ...* est suffisamment significative pour nous faire comprendre que si l'ordre n'avait pas été exécuté dans son intégralité, la famille n'aurait pas quitté Sichem et le transfert à Béthel n'aurait pas eu lieu. Béthel = Maison de Dieu, comment est-il possible d'aller à cet endroit et «y habiter», avec les dieux étrangers, alors que vous devrez adorer et servir le «seul» et «vrai» Dieu?

Comment pouvez-vous rester dans cet endroit avec la contamination sur et sans changer vos vêtements? Je crois que la parole de l'apôtre Paul va bien:

Ayant donc ces promesses, très chers, purifions-nous de toute contamination de la chair et de l'esprit, accomplissant notre sanctification dans la crainte de Dieu (2 Corinthiens 7: 1).

e) Jacob érige un autel à Béthel

Une fois la phase préparatoire terminée, la famille de Jacob se met en route pour atteindre la destination de leur nouvelle résidence. Le texte précise:

Puis ils partirent et la terreur de Dieu s'abattit sur toutes les villes autour d'eux, de sorte qu'ils ne poursuivirent pas les fils de Jacob (v. 5).

Ces mots précis montrent qu'il y a eu un changement dans l'environnement extérieur de la famille de Jacob. Quiconque avait accompli ce miracle était sans aucun doute Dieu. En effet, il savait mieux que Jacob ce que les Cananéens auraient pu faire au patriarche pour répondre au massacre perpétré dans la ville de Sichem. Lorsque les deux fils de Jacob, Siméon et Lévi, tuèrent tous les hommes de Sichem, pour venger l'honneur de leur sœur Dina qui avait été violée par le prince de la ville, ils créèrent un gros problème pour Jacob. Le texte précise:

Jacob dit alors à Siméon et à Lévi: «Vous m'avez mis en difficulté en me rendant odieux aux habitants du pays, aux Cananéens et aux Perezei. Puisque nous sommes peu nombreux, ils se rassembleront contre moi et m'attaqueront, et moi et ma maison serons exterminés » (v. 30).

Si Dieu n'était pas intervenu et n'avait pas changé la situation, l'inquiétude et la peur qui assaillaient Jacob se seraient facilement produites. Maintenant que Dieu a changé la donne, ce n'est plus la peur des Cananéens qui inquiète le patriarche, mais ce sont toutes les villes autour de lui, qui n'ont plus le désir de *poursuivre les fils de Jacob*, car la *terreur est tombée* sur eux *de Dieu*. Plus tard, l'apôtre Paul dira: oui *et Dieu est pour nous, qui sera contre nous?* (Romains 8:31). Si Dieu prend le parti de ses enfants, qui osera leur faire du mal? (Comparez Psaume 124:1-3). David, pour sa part, pouvait exprimer sa certitude en disant:

Même si une armée campait contre moi, mon cœur n'aurait pas peur; même si une guerre éclatait contre moi, même alors j'aurais confiance (Psaume 27:3).

Avant que la famille de Jacob ne quitte Sichem, ils savaient qu'une fois arrivés à Béthel, un autel y serait construit, selon l'ordre précis que Dieu avait donné. Que cet autel soit érigé par le patriarche et non par un membre de la famille était bien établi dans l'esprit de chacun d'eux. Au sein d'une famille (bien organisée), il y a diverses tâches.

Chacun doit s'en tenir à son rôle et ne doit jamais envahir le champ d'autrui. Le rôle du père, en tant que chef de famille, ne peut être assumé par personne d'autre, sauf dans des cas particuliers où il y a des déficiences physiques, qui ne leur permettent pas d'exercer leur rôle. Dans ce cas, celui qui assume la charge et la responsabilité de la famille n'est pas la mère, mais le fils aîné, selon la coutume en vigueur parmi le peuple d'Israël.

Dieu a toujours respecté les rôles dans la famille et n'a jamais rompu ce qu'il a lui-même constitué. D'un point de vue général, on peut affirmer fermement que, si la famille existe, c'est parce qu'elle est d'origine divine. Comme la tâche de

Maître de la maison Dieu l'a assigné à son père, il était naturel qu'Il parle à Jacob et lui donne toutes les instructions relatives à l'affaire. Il est compréhensible que les fils de Jacob aient aidé leur père à construire l'autel. Cependant, cela ne signifie pas que l'attribution de la réalisation de l'œuvre leur revient.

L'autel familial, du point de vue chrétien, relève du rôle du père. En fait, il est obligé de rassembler les membres de sa propre famille, en adoration et en remerciement à Dieu, tous ensemble, pour tout ce qui est accordé à chacun d'eux.

f) Dieu renouvelle sa promesse à Jacob

Dieu est apparu de nouveau à Jacob, quand il est venu de Paddan-aram, et l'a béni.

Et Dieu lui dit: Ton nom est Jacob; tu ne seras plus appelé Jacob, mais ton nom sera Israël. «Et il l'a appelé Israël.

Alors Dieu lui dit: «Je suis le Dieu tout-puissant; soyez fructueux et multipliez-vous; une nation, en effet un groupe de nations, descendra de vous, et des rois sortiront de vos reins;

Et je te donnerai, et à ta descendance après toi, le pays que j'ai donné à Abraham et à Isaac (v. 9-12).

La promesse que Dieu a faite trente ans plus tôt la renouvelle à Jacob au même endroit que la première fois, c'est-à-dire à Béthel. Vous pourriez demander: pourquoi Dieu le répète-t-il encore? Certainement pas parce qu'il l'avait oublié, mais pour rappeler à Jacob que les promesses divines, au fil des années, sont toujours valables, jusqu'au jour de leur totale réalisation. Une partie des promesses divines a été accomplie dans la vie du patriarche; l'accomplissement de sa progéniture viendrait en temps voulu.

Dieu à Béthel, non seulement renouvela la promesse qu'il avait précédemment faite au patriarche, mais ajouta la partie concernant les rois qui sortiraient de ses reins. Finalement, au ruisseau Jabbok, le nom de Jacob a été changé en "Israël". Pourquoi Dieu revient-il sur le même sujet, comme si le passé n'était pas valide? Bien sûr que non! Pour éviter que le changement de nom de Jacob en Israël ne soit attribué à un homme, (comme certains le pensaient à tort) en reconfirmant ce qui s'était passé dans le passé, Dieu voulait clairement dire à Jacob que, au ruisseau de Jabbok, il n'était pas l'homme à changer son nom, mais Lui, l'Éternel, qui lui parlait à Béthel.

A partir de ce jour et pour tout le temps de sa vie, chaque fois que Jacob prononçait son nom, qu'il le fasse avec lui-même ou en présence des autres, il pouvait dire fermement: mon nom ne le changeait pas un homme, mon Dieu, le Tout-Puissant, l'a directement changé.

g) La naissance de Benjamin

Avec la naissance de Benjamin, le nombre des fils de Jacob est terminé. D'après le texte sacré, il est facile de comprendre que Dieu n'a pas dirigé Jacob et sa famille à Béthel pour y rester pour toujours. Le Béthel a été l'une des nombreuses étapes du chemin de la vie du patriarche. En fait, nous lisons qu'après que Dieu a reconfirmé ses promesses, ils ont *quitté Béthel ...* (v. 16). Le nouvel arrêt pour la famille de Jacob aurait été Efrata (c'est-à-dire Bethléem).

Mais avant leur arrivée là-bas, Rachel a eu du mal à donner naissance à son deuxième enfant, ce qui a causé sa mort. Avant de fermer les yeux, c'est-à-dire de mourir, après avoir appris de la sage-femme que c'était un homme qu'elle avait mis au monde, elle l'appelait Ben-Oni = enfant de douleurs, pour exprimer toute l'immense souffrance physique qu'elle a dû accoucher au deuxième enfant. Ce nom, cependant, ne correspondait pas à ce que Rachel elle-même avait dit lorsqu'elle a donné naissance à son premier enfant. En l'appelant Joseph, elle avait en fait espéré que le Seigneur ajouterait un autre fils (30:24).

Si ce nom était resté, Jacob aurait eu dans sa vie et dans sa famille, un souvenir éternel d'une tragédie inquiétante, capable de brouiller la perspective de la bénédiction de Dieu. En y réfléchissant, dans un moment «d'inspiration», il a tout de suite voulu changer de nom et l'a appelé Benjamin = fils de la droite. Avec ce changement de nom, Jacob a voulu tout effacer d'un seul coup, la marque des douleurs et des peines qui resteraient dans sa vie et dans tous ses descendants. Cette note biographique que l'histoire biblique nous a transmise sert non seulement à nous faire savoir ce qui s'est passé au moment de la naissance de Benjamin, mais veut aussi nous apprendre quelque chose d'important pour chacun de nous.

L'histoire du salut de chaque croyant a pour point de référence la mort de notre Seigneur et Sauveur Jésus-Christ. Les peines de sa mort, ne peuvent être décrites avec les mots du langage humain, car le simple fait que sa mort n'était pas une mort commune, c'était la disparition d'un innocent, de celui qui n'avait connu aucun péché, mais dans lequel il est mort la place du pécheur. Si Jésus était resté dans le tombeau, sa mort n'aurait scellé pour l'éternité que l'histoire de sa défaite, de ses douleurs et de ses ennuis.

Mais avec sa résurrection, la scène a radicalement changé. Comme vaincu, il était considéré comme le plus grand des triomphes de tous les temps, sur la mort et l'enfer. En effet, c'est en vertu de sa résurrection que le croyant est «justifié» (Romains 4:25). En vue du triomphe du Christ, l'apôtre Paul pourrait demander:

O mort, où est ta fléchette? Oh diable où est ta victoire? Merci à Dieu de nous avoir donné la victoire par notre Seigneur Jésus-Christ (1 Corinthiens 15:55,57).

Croyant, souvenez-vous toujours que vous n'êtes pas seulement un " enfant de la douleur ", mais que vous êtes aussi et surtout un `` enfant du droit ", pour indiquer votre force et votre victoire que vous avez reçues de Dieu, à travers Jésus-Christ notre Seigneur, à Lui la gloire!

Chapitre 15

PREDILECTION DE JACOB POUR JOSEPH

O Jacob habitait dans le pays où son père était resté, au pays de Canaan.

C'est la lignée de Jacob. Joseph, à l'âge de dix-sept ans, faisait paître le troupeau avec ses frères; le garçon était avec les fils de Bila et avec les fils de Zilpa, les femmes de son père. Maintenant, Joseph rapporta à leur père la mauvaise réputation qui circulait à leur sujet.

Or Israël aimait Joseph plus que tous ses enfants, parce qu'il était le fils de sa vieillesse; et lui fit une robe jusqu'aux pieds.

Mais ses frères, voyant que leur père l'aimait plus que tous les autres frères, ont commencé à le haïr et ne pouvaient pas lui parler d'une manière amicale (37:1-4).

a) La partialité de Jacob

La prédilection que Jacob montra pour Joseph fut la cause des nombreux troubles que ce dernier souffrit dans sa vie.

Oui, il est vrai que tout était programmé dans les plans de Dieu; tout cela, cependant, ne justifie pas Jacob pour la manière dont il a traité Joseph envers ses autres fils. Si Joseph a rencontré tant de vicissitudes dans sa vie, la pleine responsabilité doit être placée sur Jacob.

Que finalement tout a fonctionné ensemble pour le bien, ce n'était certainement pas à cause de Jacob, mais parce que Dieu, dans sa toute-puissance, savait comment changer le mal en bien, afin que ses plans ne subissent aucun dommage, ni ne soient modifiés. Que Dieu a tout sous contrôle, non seulement pour les temps passés, mais aussi pour nos jours, c'est une vérité incontestable pour ceux qui croient en l'immuabilité et la véracité de la Parole de Dieu.

Le fait que le texte précise pourquoi Jacob aimait Joseph plus que ses autres fils n'est pas une raison valable pour afficher des sentiments d'amour d'une manière déformée. S'il est vrai que Joseph était le fils de la «vieillesse» de Jacob, les autres garçons avaient le même droit que Joseph, puisqu'ils étaient au même niveau légal pour être également des enfants légitimes du même père. Les sentiments d'amour particuliers qui se manifestent envers une personne se traduisent généralement par des actions indéniables.

Cette «longue robe aux pieds» qui fut donnée à Joseph par son père parlait d'elle-même; il n'avait pas besoin d'explications supplémentaires. A juste titre, les autres enfants, confrontés à une action aussi évidente, n'avaient aucun doute que leur père aimait leur frère plus qu'eux, car aucun d'entre eux n'avait reçu un tel traitement. En tant que fils de sa vieillesse, Jacob aurait dû rifer ir est plutôt à Benjamin, le dernier garçon né dans sa maison.

b) Ce que cela a causé dans la vie d'autres enfants

Les mots que nous lisons:

Mais ses frères, voyant que leur père l'aimait plus que tous les autres frères, se mirent à le haïr et ne purent lui parler amicalement,

Ils décrivent clairement l'effet que cela a eu sur la vie des frères de Joseph. Si les autres fils de Jacob avaient dû protester et exprimer leur désapprobation, ils auraient dû le faire à proprement parler envers leur père, et non contre Joseph, qui ne pouvait être tenu responsable du comportement du parent, puisqu'il n'était pas il avait demandé la «longue robe», mais elle lui avait été donnée par Jacob, de son propre choix. Cependant, au lieu d'exprimer leur déception envers leur père, ils s'en sont pris à leur frère.

La haine, quel que soit son niveau, est toujours: *mortelle* (1 Jean 3:15) et ne peut jamais être justifiée pour quelque raison que ce soit, pas même pour les ennemis les plus acharnés. Si Jésus ordonne d'aimer les ennemis (Matthieu 5:44), combien plus les frères doivent-ils être aimés. Aimer un ennemi n'entre pas dans la logique des possibilités naturelles de l'homme. Il pourra le faire s'il reçoit la nouvelle vie, c'est-à-dire celle qui vient de Dieu; sans quoi, il ne sera pas facile d'aimer.

Il est plus facile de réagir avec des sentiments de vengeance qu'avec l'amour. Si les frères détestaient Joseph, cette attitude de leur part a produit de l'hostilité et la rupture des relations. Le fait qu'ils *ne pouvaient pas lui parler de manière amicale* n'était pas dû au fait que Joseph s'était fermé et s'était isolé du sien, mais c'était plutôt ses frères qui s'étaient enfermés dans cette impasse. De bonnes relations sociales, quel que soit le niveau que nous considérons, sont toujours la représentation d'une confiance mutuelle sincère, loyale et respectueuse.

Lorsque ces éléments essentiels font défaut, le rapport social est fissuré et sa stabilité réduite à zéro. Plus ils sont forts: sincérité, loyauté, respect et confiance, plus le lien d'une relation sociale stable est élevé, que ce soit au sein de la famille, ainsi qu'entre amis et connaissances.

Parler de manière amicale n'est pas seulement cette attitude franche et insensible; sereine et claire sans préjugés ni soupçons, mais c'est aussi entrer dans une intimité profonde, qui unit deux personnes dans un même esprit et un seul cœur. Cette attitude qui s'était établie entre les frères de Joseph et lui, avait été provoquée par la haine et amenée au point que Joseph n'était plus traité ou considéré comme l'un d'eux par ses frères, liés par le même sang que son père, mais en fait comme leur ennemi.

b) Un avertissement pour les parents

De l'attitude de Jacob envers Joseph, une bonne leçon peut être tirée pour n'importe quel parent. Ils doivent faire très attention à ne pas être partial envers leurs enfants s'ils ne veulent pas que des conflits et des disputes surviennent dans leur vie. S'il est vrai que tous les enfants ne se comportent pas de la même manière envers leurs parents, il est également vrai que lorsqu'un père (surtout le père) traite l'un mieux que l'autre, il démontre qu'il agit de la même manière que ses enfants l'ont fait. en cela, il adopte la règle de la soi-disant «correspondance», c'est-à-dire: comme ils m'ont traité, je les traite aussi.

Les parents, dans un souci d'harmonie familiale, devraient éviter et empêcher la survenue d'actions désagréables, capables de briser l'atmosphère sereine et paisible de leurs enfants, en ne faisant aucune partialité entre eux. L'amour authentique brise toutes sortes de résistances et peut conquérir même les personnes les plus têtues et les plus fantaisistes. La partialité, en revanche, en plus de ne pas éviter et de prévenir un éventuel `` mécontentement '', est une graine de mauvais goût qui produit sans aucun doute: des désaccords, des disputes, des ressentiments et de la haine, les conditions de la dissolution de l'harmonie et de l'unité d'une famille.

Chapitre 16

LES RÊVES DE GIUSEPPE ET LA POSITION
DE JACOB À L'ÉGARD D'EUX

Des deux rêves de Joseph et de l'histoire qu'il en a faite à ses frères et à son père, nous pouvons tirer quelques éléments intéressants, qui nous permettent d'évaluer avant tout la position que Jacob a prise, en référence à eux, en se basant sur l'interprétation qu'est venu donné à la fois par les frères et par le père lui-même. Dans le but que nous proposons dans ce que nous écrivons, nous ne sommes pas tant intéressés par la position prise par les frères de Joseph par rapport à ses rêves, que par celle de Jacob.

La position des fils de Jacob envers leur frère Joseph nous est connue du fait que. 1) leur père l'aimait plus qu'eux et 2) pour la «longue robe» qu'on lui avait donnée. Ces deux éléments que le texte biblique met clairement en évidence et que le lecteur ne peut s'empêcher de remarquer, représentent les vraies raisons qui ont conduit les frères de Joseph à le «haïr» et à ne pas pouvoir lui parler de manière «amicale». Avec ces éléments, le fait que Joseph ait raconté à son père la «mauvaise réputation» qui entourait ses frères l'a probablement aussi rejoint.

Il n'est pas difficile de remarquer que la haine et la rupture d'une relation authentique entre Joseph et ses frères s'étaient manifestées avant les rêves. Les rêves et l'interprétation qui en a été donnée, s'il en est, ont accentué leur portée et leur dimension.

Certains commentateurs pensent que Jacob en prévoyant que son fils Joseph excellerait sur ses frères et qu'il avait même l'intention de lui donner le droit d'aînesse, pris à Ruben, pour l'inceste qu'il avait commis en se couchant avec Bilah, concubine de son père, c'est pour ces raisons qu'il lui a confectionné la «longue robe». Si telle avait été la véritable intention de Jacob en lui faisant la `` longue robe '', devant les rêves que Joseph a racontés, il n'aurait pas eu à montrer de surprise et il n'aurait pas non plus à `` reprocher '' à son propre fils, ce que la Bible le texte dit clairement.

Il l'a raconté à son père et à ses frères. Et son père l'a grondé et lui a dit: "Que signifie ce rêve que tu as fait?" Devrais-je vraiment venir, moi, ta mère et tes frères, me prosterner devant toi? Et ses frères l'enviaient, mais son père le garda en lui (37:10-11).

a) La prudence de Jacob

Que l'interprétation que les frères d'abord et ensuite le père ont donnée aux rêves de Joseph était vraie (à l'exclusion de la partie concernant la mère, car à ce moment-là Rachel était déjà morte) est confirmée par le chapitre 42. Si l'interprétation en question avait été donnée par Joseph, sur la base de ce que disent les chapitres 40 et 41, il faut admettre qu'à cette époque, il avait déjà reçu la faculté d'interpréter les rêves. Comme cela ne peut être affirmé, il n'en reste pas moins qu'il a reçu cette «faculté» plus tard.

Pour rendre compte des années qui s'étaient écoulées au cours de cette période de temps, considérez les dix-sept ans que Joseph était lorsque ses frères ont montré leur haine (37: 2), et, en supposant que cette même année, il avait eu ses rêves, les trente il était quand il vint devant Pharaon pour interpréter ses rêves (41:46), et les deux années qui s'étaient écoulées auparavant, c'est-à-dire quand il avait interprété les rêves du chef échanson et du chef boulanger d'Égypte, alors qu'il était en prison avec lui (40:2-13), en tout onze ans s'étaient écoulés.

Bien que Jacob ait d'abord grondé son fils en entendant les rêves, il a ensuite *gardé la chose* (c'est-à-dire l'interprétation du rêve) *en lui-même*. Cette position qu'il a prise face aux rêves de Joseph mérite un approfondissement afin d'essayer de comprendre l'attitude du patriarche. Jacob avait une certaine expérience des rêves qu'il avait lui-même eu à la fois à Béthel et pendant son séjour dans la maison de Laban.

Il savait aussi que ces rêves n'étaient pas des rêves ordinaires, mais de véritables révélations divines, pour lui et pour sa progéniture et qu'en grande partie, ils s'étaient déjà réalisés. Si les rêves du fils sont des révélations authentiques des plans de Dieu, ils se réaliseront certainement, au fur et à mesure que ceux concernant sa vie se sont accomplis. De plus, Jacob s'est probablement dit: si je ne peux pas dire avec une certitude absolue que dans les rêves de mon fils, il y a la description des plans divins pour sa vie, le mieux pour moi est de tout garder dans mon cœur, en attendant de voir l'accomplissement.

La position de Jacob pouvait donc être définie comme «prudente», car il remettait tout entre les mains de Dieu,

Celui qui lui avait été fidèle, pour l'avoir accompagné pendant les années de sa vie.

b) L'imprudence de Jacob

Les frères de Joseph étaient maintenant allés faire paître le troupeau de leur père à Sichem.

Et Israël a dit à Joseph: "Vos frères ne paissent-ils pas le troupeau à Sichem?" Viens, que je t'enverrai ». Il a répondu: "Me voici."

Israël lui dit: "Va voir si tes frères vont bien et si le troupeau va bien, puis reviens et dis-le-moi." Il l'envoya donc de la vallée d'Hébron, et il vint à Sichem (12-14).

S'il est tins pour acquis que Jacob savait que ses fils détestaient Joseph et qu'il n'y avait pas de bonnes relations entre eux, lui confier une mission dans ces conditions était très risqué pour la vie de Joseph. Jacob, pour sa part, s'il avait été plus «prudent», aurait dû peser l'attitude de ses enfants envers sa bien-aimée et n'aurait pas dû l'envoyer à ses enfants, hors de son contrôle. Son «imprudence», cependant, ne lui fit pas prendre conscience du mal que Joseph aurait pu souffrir de ses frères. Puisque dans le cœur des fils de Jacob il y avait de la haine et de l'envie envers Joseph, ils n'ont pas hésité à planifier sa mort, dès qu'ils l'ont vu de loin, avant qu'il ne vienne vers eux.

Les mots qu'ils ont prononcés étaient:

«Voici le rêveur! Alors maintenant viens, tuons-le et jetons-le dans un puits; nous dirons alors qu'une bête féroce l'a dévoré; ainsi nous verrons ce que deviendront ses rêves » (vv. 19-20).

Si Dieu n'était pas intervenu dans cette circonstance (de la manière dont Il sait faire les choses), Joseph ce jour-là aurait été assassiné par ses frères, avec pour conséquence que les plans de Dieu pour Joseph et toute la famille de Jacob, ils seraient anéantis. , c'est-à-dire détruit.

Face à ce plan diabolique d'élimination d'une personne que Dieu avait choisie, pour accomplir une mission particulière, il n'était pas possible à Dieu de se taire les mains entre ses mains. La caravane des Ismaélites, qui ce jour-là a traversé ces parties, représente le moyen impensable que Dieu a utilisé pour sauver la vie de Joseph.

Cependant, Jacob, en raison de son `` imprudence '', en envoyant Joseph à ses frères, a dû souffrir une grande douleur, quand il s'est rendu compte que sa bien-aimée avait été dévorée par une bête féroce (même si en réalité ce qu'il n'était pas arrivé était arrivé a cru). L'imprudence, quel que soit le domaine dans lequel nous l'appliquons, a toujours produit ses effets tragiques, faisant pleurer les dommages subis. Cette histoire de Joseph et toutes les conséquences qu'elle a eues dans la vie de Jacob, en particulier, nous apprend à ouvrir les yeux et à réfléchir attentivement aux choses qui se présentent devant nous, afin de ne jamais agir de manière imprudente.

Chapitre 17

LES ENFANTS DE JACOB ENVOYÉS EN ÉGYPTE POUR ACHETER DU BLÉ

*J*cob, quand il apprit qu'il y avait du blé en Égypte, dit à ses fils: "Pourquoi vous regardez-vous les uns les autres?"

Puis il dit: «Voici, j'ai entendu dire qu'il y a du blé en Égypte; allez-y pour nous acheter du grain, afin que nous puissions vivre et que nous n'ayons pas à mourir.

Les dix frères de Joseph sont donc descendus en Égypte pour y acheter des céréales.

Mais Jacob n'a pas envoyé Benjamin, le frère de Joseph, avec ses frères, parce qu'il a dit: "Qu'aucun malheur ne lui arrive."

Les enfants d'Israël sont donc venus acheter du blé, parmi les autres qui sont arrivés, parce qu'il y avait une famine dans le pays de Canaan (42:1-5).

Les sept années de famine qui se sont produites en terre d'Égypte, après les sept années de grande abondance, ont non seulement affecté la population égyptienne, mais aussi le peuple de Canaan, où vivait la famille de Jacob. Confronté au manque de produits de première nécessité à Canaan et sachant que le grain était vendu en Égypte à quiconque en avait besoin, Jacob, en tant que chef de sa famille, ordonna à ses fils de descendre en Égypte pour acheter du blé et ne pas mourir faute de nourriture.

Le texte déclare que Jacob a appris qu'il y avait du blé en Égypte. Cependant, cela ne signifie pas que ses enfants ne le savaient pas. Le fait même que les enfants oui ... *ils regardaient chacun autre* (v.1), montre que même eux savaient ce que leur père savait, mais ils n'avaient probablement pas pensé à aller en Égypte pour acheter du grain, ou ils ont calé, en vue d'autres alternatives possibles. Pourtant, à cette époque, les fils de Jacob n'étaient pas des enfants; ils étaient tous adultes, mariés et chacun d'eux avait sa propre unité familiale, composée d'une femme et d'enfants. En fait, on sait que lorsque la famille de Jacob est descendue en Égypte pour y habiter, elle comptait au total soixante-dix personnes (46:27).

Le fait même que Jacob ait toujours la charge de la famille, malgré tous ses enfants mariés, montre qu'il était toujours en mesure d'être le barreur du bateau et les enfants prêts à suivre les ordres de leur père. Une telle attitude à l'époque était justifiée, car elle faisait partie de la pratique de tous; mais si une telle chose devait être invoquée de nos jours, aucun des enfants mariés ne serait ouvert à une telle soumission. Si les enfants célibataires, qui vivent toujours dans la maison de leurs parents, n'aiment pas tant leur intervention dans leurs affaires, imaginons si les parents devaient donner des ordres aux mariés.

Gardant Jacob en haute estime, ses dix fils, sous les ordres de leur père, partirent pour le pays d'Égypte, dans le but exprès d'acheter des céréales pour toute la famille. Il est hors de portée de ce livre de décrire tout ce qui s'est passé en Égypte lorsque les fils de Jacob se sont présentés devant la personne qui vendait le grain. Pour ceux qui veulent connaître nos pensées en référence à cet événement intéressant, nous vous recommandons de lire notre livre: *Les héros de la foi, selon Hébreux 11*, pp. 145-184. Ici, cependant, nous nous limitons aux traits qui ont une relation avec Jacob.

a) La relation que les enfants entretiennent avec leur père Jacob

De retour à Canaan, les fils de Jacob rapportèrent en détail tout ce qui leur arrivait en Égypte: l'histoire d'être considérés comme des «espions», l'incarcération de leur frère Siméon et l'argent qui avait été remis dans leurs sacs.

Ils vinrent donc vers Jacob, leur père, au pays de Canaan, et lui racontèrent tout ce qui leur était arrivé, en disant ... (v. 29).

Après avoir écouté très attentivement tout ce que les fils lui ont dit, Jacob a dit:

«Vous m'avez privé de mes enfants! Joseph n'est plus, Simeone n'est plus, et vous voulez aussi me prendre Beniamino! Tout cela me tombe dessus! ».

Ruben dit à son père: "Si je ne vous le ramène pas, laissez mourir mes deux enfants. Confiez-le-moi, je vous le rapporterai".

Mais Jacob répondit: "Mon fils ne descendra pas avec toi, car son frère est mort et il est le seul qui reste: si un malheur lui arrivait pendant le voyage, tu ramènerais *mes cheveux gris dans la tombe dans la douleur"* (vv.36-38).

Face à ce récit tragique, Jacob s'est montré ferme dans sa décision et n'a pas voulu permettre à son fils Benjamin de descendre en Égypte, malgré le fait que ses fils lui avaient clairement dit qu'ils ne retourneraient pas en Égypte pour acheter du grain, si leur frère Benjamin n'était pas allé avec eux, selon la parole péremptoire qu'il leur avait dite, qui vendait le blé.

Jacob, humainement parlant, n'avait pas tout à fait tort, pensant avant tout à ce qu'on lui avait dit de Joseph, il y a de nombreuses années, et aux larmes de condoléances qu'il avait versées. Cette fois, si quelque chose était arrivé à Benjamin, il aurait non seulement versé des larmes de douleur, mais il serait aussi facilement mort de douleur.

b) Jacob contraint d'envoyer Benjamin en Égypte

Quand le blé s'est épuisé, voyant qu'il n'y avait pas d'autre alternative, et considérant que la famine continuait de faire rage à Canaan, Jacob a été forcé de permettre à son fils Benjamin d'aller avec ses autres fils en Égypte. Avant de partir, Jacob leur dit:

«Si c'est le cas, faites ceci: prenez quelques-uns des meilleurs produits du pays dans vos sacs et apportez à cet homme un cadeau; un peu de baume, un peu de miel, quelques arômes et myrrhe, pistaches et amandes.

Prenez le double denier avec vous et rapportez l'argent qui a été remis à l'embouchure de vos sacs; c'était peut-être une erreur.

Prends ton frère aussi, et lève-toi, retourne vers cet homme; et que Dieu Tout-Puissant vous fasse trouver grâce devant cet homme, afin qu'il vous délivre votre autre frère et Benjamin. Quant à moi, si je dois être privé de mes enfants, qu'il en soit ainsi! " (43:11-14).

De ces mots, nous pouvons lire les craintes qui assaillent l'esprit et le cœur de Jacob, lorsque, contraint par la nécessité de la situation, il dut consentir à ce que Benjamin aille avec ses frères en Egypte. Ce qu'il faut admirer dans les paroles du patriarche, c'est qu'il se confie, pour cette circonstance particulière, au Dieu tout-puissant, et que toute l'affaire se passe bien. Comme s'il prévoyait un malheur pour Benjamin et pour son autre fils Siméon, resté prisonnier en Égypte, peut-être les larmes aux yeux et avec résignation, il répète: *quant à moi, si je dois être privé de mes enfants, que ce soit.*

Quand tout sera vraiment remis entre les mains de Dieu, avec la conscience qu'il prend soin de nous et des différentes situations qui nous entourent, il sera impossible pour Dieu de décevoir ceux qui ont placé leur confiance en lui. Toute l'histoire se termine lorsque Jacob est informé par ses fils que Joseph est toujours en vie et qu'il est aussi le chef de tout le pays d'Égypte. Bien qu'au début il soit resté froid et ne croît pas ce qu'on lui a dit, plus tard cependant, voyant les chars que Joseph avait envoyés pour l'emmener, l'esprit de Jacob a ressuscité et Israël a pu dire:

«Cela suffit; mon fils Giuseppe est toujours vivant; j'irai le voir avant de mourir» (v. 45:27).

Chapitre 18

JACOB DESCEND EN ÉGYPTE

Israël partit donc avec tout ce qu'il possédait et, lorsqu'ils vinrent à Beer-Sheva, ils offrirent des sacrifices au Dieu de son père Isaac.

Et Dieu a parlé à Israël lors de visions nocturnes et a dit: "Jacob, Jacob!" Il a répondu "Me voici."

Dieu a alors dit: «Je suis Dieu, le Dieu de votre père; n'ayez pas peur de descendre en Égypte, car là je ferai de vous une grande nation.

Je descendrai avec vous en Égypte et je vous ferai aussi certainement remonter; et Joseph fermera les yeux ».

Alors Jacob quitta Beer Sheva, et les Israélites prirent Jacob, leur père, leurs petits enfants et leurs femmes sur les chars que Pharaon avait envoyés pour le porter.

Ils prirent donc leur bétail et les biens qu'ils avaient achetés au pays de Canaan et se rendirent en Égypte, Jacob et tous ses descendants avec lui.

Il emmena ses fils avec lui en Égypte, et les fils de ses fils, ses filles, les filles de ses fils et tous ses descendants (46: 1-7).

L'histoire de cet événement est importante, au moins pour trois raisons. 1) Cela nous amène à considérer la ferme détermination de Jacob à suivre les voies de Dieu; 2) nous amène à réfléchir sur la promesse de Dieu, 3) et nous permet enfin d'avoir un regard vers l'avenir.

1) Jacob est déterminé à suivre les voies de Dieu

Puisque Jacob a compris la certitude que son fils Joseph est toujours en vie et qu'il a envoyé les chars de Pharaon pour l'emmener en Égypte, c'est maintenant à lui de prendre la décision d'y aller ou non. Jacob prend la décision d'aller en Egypte avec toute sa famille, mais avant de traverser la frontière vers le pays de Canaan, il s'est arrêté à Beer Sheva et a offert des sacrifices à Dieu. C'était certainement l'une des nombreuses étapes de son long pèlerinage; il avait sans aucun doute un but précis.

Le fait que Jacob ait offert des sacrifices au Dieu de son père dans cette localité renforce encore notre conviction qu'il y avait probablement quelque chose qui n'allait pas dans la vie du patriarche. L'endroit où Jacob vivait avant son départ était Hébron (cf. 37:14) et pour se rendre à Beer-Sheva (car il y avait un long chemin), il fallait certainement quelques jours de marche.

La question qui se pose spontanément dans notre esprit est la suivante: pourquoi Jacob a-t-il offert des sacrifices au Dieu de son père Isaac à Beer Sheva et ne l'a pas fait à Hébron, avant de partir? L'a-t-il fait juste pour se souvenir de ce que son père (cf. 26:23-25) et son grand-père avaient fait, ou pour une autre raison? (cf. 21:33). Nous pensons qu'il y a une autre raison. Il ne fait aucun doute que Beer Sheva aura éveillé la mémoire du patriarche, de ce qu'Abraham et Isaac ont fait avant lui en invoquant l'Éternel. Les sacrifices qu'il offrit au Seigneur n'étaient que des invocations adressées à Dieu.

Du passé de l'histoire de Jacob, nous apprenons:

a) À Sichem, il a construit un autel au Seigneur, à qui il a attribué le nom d'El-Elohey-Israël = le Dieu puissant d'Israël (33:20). Il n'y a aucune allusion à cela qu'il a offert des sacrifices à Dieu. B) Pendant que Jacob est à Sichem, Dieu lui ordonne d'aller à Béthel et d'y construire un autel (35:1). Pas même à cet endroit Jacob n'a offert des sacrifices à Dieu. Aussi, d'Abraham, il est dit qu'à Beer Sheva, il invoqua *le nom du Seigneur* (21:33); tandis qu'Isaac y *construisit un autel et invoqua le nom du Seigneur* (26:23,25).

La première référence claire selon laquelle Jacob «a offert des sacrifices» à Dieu est quand il est arrivé à Beer Sheva. Aurait-il pu le faire sur le même autel que son père avait construit? Rien ne peut être dit avec certitude à ce sujet. Ce que nous pensons important n'est pas tant de savoir si Jacob a offert les «sacrifices» au Seigneur sur le même autel que son père Isaac avait construit, ou non, que de savoir ce qu'étaient réellement ces sacrifices. Sans aller trop loin dans le raisonnement, nous croyons que ces «sacrifices» parlent des «prières» que Jacob a élevées à son Dieu.

Que ces prières et invocations soient faites en référence à son transfert en Égypte nous semble assez clair, surtout à la lumière de la réponse que Dieu a donnée. Mais à proprement parler, ce que le patriarche a fait à Beer-Sheva, il aurait dû le faire avant de partir, quand il était à Hébron. Sûrement, l'enthousiasme que Jacob avait animé pour la bonne nouvelle apprit que son bien-aimé Joseph était toujours en vie, lui aura fait oublier un devoir précis de prier son Dieu, de savoir s'il devait ou non aller en Égypte.

Un vieux proverbe dit: mieux vaut tard que jamais. Même si Jacob a fait si tard, il faut toujours apprécier que:

a) Jacob arrête la marche de sa famille à Beer Sheva. Comme si quelque chose de l'intérieur du patriarche lui disait: pourquoi continuez-vous à marcher? b) Il reconnaît avoir commis une erreur en ne s'étant pas tourné plus tôt vers Dieu; c) il ressent le besoin de se tourner vers son Dieu pour ce qui est devant lui, d) enfin il cherche la direction de Dieu.

Mais essentiellement, quelle était la raison pour laquelle Jacob s'est arrêtée à Beer Sheva? Comme nous l'avons dit ci-dessus, Beersheba était la frontière du pays de Canaan. La promesse de Dieu contenue dans (28:15), sera réapparue dans l'esprit du patriarche et avec elle, une inquiétude et une peur sérieuses auront envahi son cœur, si par hasard il n'était pas trouvé en dehors du plan et de la volonté de Dieu. Ce jour-là, il n'y avait pas eu de réponse à sa prière, ou que Dieu s'était opposé à son non, Jacob serait sans doute retourné à Hébron.

Comme vous pouvez bien le comprendre, si d'une part il y avait un fort désir de revoir son bien-aimé, d'autre part il y avait une ferme volonté, d'adhérer fermement à la volonté de Dieu. Dieu ne pouvait ignorer la demande de Jacob, comme s'il n'y avait rien de sérieux. Ces «sacrifices» qui lui étaient offerts nécessitaient une réponse précise, pour ne pas laisser la vie de Jacob dans l'incertitude. Ici, vous pouvez voir immédiatement ce que Dieu fait en faveur du patriarche.

2) Les promesses de Dieu renouvelées

La première chose que Dieu fit fut, *et Dieu parla à Israël dans des visions nocturnes et dit: "Jacob, Jacob!" Il a répondu: "Me voici"* (v.2). Dieu s'est adressé directement à la personne concernée, l'appelant d'abord par le nouveau nom d'Israël, puis par l'ancien nom de Jacob. Peu importe que Dieu parle dans des «visions nocturnes»; s'il avait préféré le faire pendant la journée, la substance de son discours n'aurait certainement pas changé. Pour lui, en effet, la nuit et le jour *sont les mêmes* (cf. Psaume 139:11-12). En l'appelant deux fois par l'ancien nom: Jacob, Jacob, on peut facilement se rappeler l'appel de Samuel (1 Samuel 3:10). Plus tard, Jésus utilisera une forme qu'Il a préférée: *En vérité, en vérité, je vous dis ...* pour dire à ses auditeurs que ce qu'Il leur disait était la vérité absolue.

En l'appelant deux fois, Dieu voulait dire à Jacob: non seulement ce qu'il est sur le point de vous déclarer est la vérité, mais c'est aussi très important pour vous; alors écoutez-moi très attentivement. Jacob, pour sa part, sans savoir ce que Dieu lui aurait dit, répondit aussitôt: me voici, comme pour dire, je suis prêt à écouter ce que vous avez à me dire. Dieu ne pourra jamais parler à l'homme s'il ne veut pas l'écouter. *Parlez, car votre serviteur écoute* (1 Samuel 4:10).

Dieu a alors dit: «Je suis Dieu, le Dieu de votre père; n'ayez pas peur de descendre en Égypte ... Je descendrai avec vous en Égypte ... (vv. 3,4).

La phrase: `` ne crains pas '', en elle-même dénote la peur que Jacob avait, non pas parce qu'il avait des doutes sur l'accueil de son fils Joseph et la nourriture qu'il lui donnerait, mais parce qu'il ne savait pas avec certitude si son déplacement était à l'intérieur la volonté de Dieu.

Il fallait donc que Jacob ait la certitude que sa descente en Égypte ne serait pas en opposition avec les plans divins, ni pour lui ni pour ses descendants. Si Dieu avait seulement dit à Jacob de ne pas avoir peur de descendre en Égypte, il aurait dit une grande chose pour le libérer de l'incertitude et de l'inquiétude. Mais en ajoutant, je *descendrai avec vous en Égypte*, il voulait non seulement donner plus de poids à sa parole, il voulait aussi lui assurer que lui-même, (pas un ange à lui) serait en sa compagnie dans la nouvelle destination.

Face à une telle assurance, il n'y avait plus aucune raison d'arrêter la marche. C'est pourquoi le texte précise: *puis Jacob quitta Beer Sheva* (v. 5).

3) L'avenir de Jacob et de ses descendants est assuré

L'Éternel donne non seulement son autorisation à Jacob, il parle aussi de son avenir et de celui de ses descendants. En Égypte, *je ferai de vous une grande nation ... et je vous élèverai aussi.* Ces mots signifiaient non seulement qu'en Égypte, la promesse divine faite à Béthel, la première et la deuxième fois seraient `` pleinement " accomplies (28:13-14; 35:11), mais que sa permanence et celle de ses descendants l'auraient été pendant un certain temps, après quoi ils auraient été ramenés par l'Éternel lui-même.

Quand Dieu fit la promesse à Abraham que sa progéniture serait aussi nombreuse que les étoiles du ciel (15.5), il ajouta également qu'elle resterait étrangère dans un pays qui n'était pas le leur, et serait traitée comme esclave et opprimée pour quatre cents ans (15:13). Il est vrai que l'Égypte n'a pas été nommée, mais c'est certainement à cet endroit qu'Il faisait référence. Maintenant que Jacob est la personne en qui la promesse de Dieu serait littéralement accomplie, accepter d'aller en Égypte est une nécessité pour accomplir les plans de Dieu.

UN ENSEIGNEMENT PRATIQUE DE LA VIE

De ce que nous avons examiné de la vie de Jacob, nous pouvons apprendre un noble enseignement de l'existence pratique. Les chrétiens en général doivent être capables de contrôler leur enthousiasme et de prier Dieu avant de partir. Cela les aidera à avoir des idées claires afin de ne pas avoir de craintes et d'incertitudes sur ce qu'ils voudront faire. Il est certain, en effet, que Dieu ne quittera aucun de ceux qui se tournent vers lui, sans les avoir encouragés et éclairés.

Avoir ses encouragements et être «éclairé» par lui est très important pour ne pas tomber dans le piège du découragement et du découragement. Avec la lumière divine dans notre esprit et notre cœur, nous pouvons marcher d'un pas ferme dans les voies de Dieu. Même si pendant le chemin de la vie nous devrons rencontrer des difficultés, (et dans l'existence chrétienne il ne manque pas) ceux qui ont la lumière céleste, il sera ferme et décisif dans sa vie.

À ce stade, *les* paroles de Jésus peuvent très bien être adaptées: *«Je suis la lumière du monde; celui qui me suit ne marchera pas dans les ténèbres, mais aura la lumière de la vie "* (Jean 8:12). Enfin, avec la certitude dans le cœur que Dieu est avec nous, nous pouvons dire avec Paul: *si Dieu est pour nous, qui sera contre nous?* (Romains 8:31); ou avec David: *Même si je marchais dans la vallée de l'ombre de la mort, je ne craindrais aucun mal, car tu es avec moi; ton bâton et ta verge sont ceux qui me consolent* (Psaume 23: 4) Avec cette merveilleuse perspective, passons à l'action, et Dieu fera le reste.

GIUSEPPE VA RENCONTRER SON PÈRE

Jacob envoya Juda devant lui vers Joseph, pour le faire entrer dans le pays de Goshen. Ils arrivèrent ainsi au pays de Goshen.

Alors Joseph fit atteler son char et monta à Goshen à la rencontre de son père Israël; aussitôt qu'elle le vit, elle se jeta autour de son cou et pleura longtemps près de son cou.

Et Israël dit à Joseph: "Maintenant, laisse-moi mourir, car j'ai vu ta face, et tu es encore vivant."

Alors Joseph dit à ses frères et à la famille de son père: «Je monterai pour informer Pharaon et lui dire: 'Mes frères et la famille de mon père, qui étaient au pays de Canaan, sont venus vers moi.

Ce sont des bergers, car ils ont toujours été éleveurs de bétail, et ils ont amené avec eux leurs troupeaux, leurs troupeaux et tout ce qu'ils possèdent ».

Lorsque le Pharaon vous appelle et vous dit: "Quelle est votre occupation?", Vous répondrez,

«Vos serviteurs ont été éleveurs de bétail depuis leur enfance jusqu'à maintenant, tant nous que nos pères», afin que vous puissiez vivre dans le pays de Goshen. Car les Égyptiens abominent tous les bergers » (46:28-34).

L'histoire de la rencontre entre Jacob et Joseph, telle que nous a été transmise par l'auteur sacré, est particulièrement riche en détails et émouvante à la fois. Vingt-deux ans s'étaient écoulés depuis que Joseph avait été cru mort par son père Jacob. Malgré tout ce temps, dans le cœur du vieux patriarche, l'amour pour son fils bien-aimé ne s'était pas éteint.

Maintenant que Jacob a reçu de Dieu l'assurance que sa descente en Égypte est parfaitement en harmonie avec sa volonté et avec ses plans, en vue de la rencontre avec Joseph, il ordonne à Judas, son fils, de prendre rendez-vous à Goshen. À ce stade, on pourrait se demander, pourquoi Jacob a-t-il confié cette ambassade à Judas et non à Ruben, par exemple, qui était le premier-né?

Le choix de Judas a du sens, si l'on garde à l'esprit que c'est lui qui a garanti à son père, la sécurité de son frère Benjamin, quand Jacob n'a pas voulu permettre à son dernier fils d'aller en Égypte, avec les autres descendants, pour acheter du blé. Voyant que l'affaire était conclue avec succès et que rien de mal ne se passait pour ce que craignait le vieil homme, Judas gagna la sympathie et la confiance de son père, pour lui confier la tâche préparatoire à la rencontre avec son fils Joseph.

Même si la Sainte Écriture ne déclare pas que Jacob a été informé du plaidoyer sincère que Judas a adressé à Joseph en faveur de son frère Benjamin (cf. 44:18-34), il faut néanmoins y penser. Si le patriarche n'a pas été informé directement par son fils, il en aura été informé par les autres descendants. La tâche, par conséquent, que Jacob confia à Judas pour préparer pour lui la rencontre avec Joseph, devait être une référence claire de gratitude, pour tout ce que Judas avait fait, quand il plaida la cause de son frère Benjamin.

Toutes les bonnes actions qui sont accomplies ici sur terre en faveur de quelqu'un, si elles ne sont pas justement récompensées par les hommes, nous savons avec certitude qu'au jour du jugement, elles seront récompensées par Dieu dans la prochaine vie, c'est-à-dire, au paradis.

La rencontre entre le vieux père et son fils préféré Giuseppe devait avoir lieu à Goshen. Pourquoi dans cet endroit et pas ailleurs? Outre le fait que cette localité était proche du pays de Canaan, Jacob aurait pris en considération la proposition que Joseph lui avait envoyée, c'est-à-dire qu'une fois arrivé en Égypte, il aurait été placé à Goshen, un endroit convenable pour l'élevage de gros et de petits bovins (comparez à 45:10), qui a finalement répondu aux attitudes de la famille de Jacob.

La rencontre entre père et fils se déroule dans un contexte de grande émotion. Le texte précise: *dès que* (Joseph) le *vit* (Jacob), *il se jeta sur son cou et pleura longtemps près de son cou* (v. 29). Même si le texte déclare que c'est Joseph qui a pleuré autour du cou de son père, il est impensable que l'ancien parent ne se soit pas joint aux larmes de son fils. Maintenant que les yeux de Jacob ont revu le visage de son fils bien-aimé (après vingt ans), le vieil homme peut exprimer toute sa satisfaction, avec les mots: *laissez-moi mourir, car j'ai vu votre visage, et vous êtes toujours en vie.*

Bien que Joseph fût le gouverneur du pays d'Égypte, il savait qu'il ne pouvait pas faire les choses à sa guise, sans que Pharaon en soit averti. C'est pourquoi il s'empressa de dire aussitôt à ses frères qu'il courrait vers le Pharaon pour l'avertir que son père et sa famille étaient arrivés en Égypte, et qu'en même temps ils autoriseraient leur hébergement à Goshen, avec tout ce qu'ils avaient apporté de Canaan.

L'action de Joseph est un bon exemple de fidélité et de soumission aux autorités supérieures. S'il jouissait de l'estime et de la confiance du pharaon, il voulait néanmoins légaliser la demeure de sa famille à Goshen, avec l'approbation de la haute autorité, c'est-à-dire celle du monarque. Pour éviter tout problème entre eux et le Pharaon, Joseph instruit ses frères et leur suggère également ce qu'ils doivent dire au roi d'Egypte, une fois qu'ils sont appelés à la cour.

Lorsque Pharaon a interrogé les cinq frères de Joseph qui lui ont été présentés au sujet de leur profession, et sachant qu'ils étaient des éleveurs de bétail, *eux et leurs pères*, il a donné son approbation pour que la famille de Joseph habite dans la meilleure partie de l'Égypte.

Puis ce fut au tour de Jacob de parler au roi d'Égypte. Lorsque Pharaon a interrogé le vieil homme sur son âge, il a reçu la réponse suivante:

«Les années de mon pèlerinage sont de cent trente ans; les années de ma vie ont été rares et mauvaises, et n'ont pas atteint le nombre d'années de la vie de mes pères, aux jours de leur pèlerinage ».

A l'issue de la présentation de la famille de Joseph au Pharaon, leur logement fut définitivement fixé dans le quartier de Ramsès, *comme l'avait ordonné le monarque* (47: 1-11).

Chapitre 19

JACOB BÉNIT LES ENFANTS DE JOSEPH

L'histoire de la bénédiction de Jacob aux deux fils de Joseph, Manassé et Éphraïm, telle qu'elle est racontée dans le livre de la Genèse, chapitre 48, est intéressante par ce qu'elle contient. Si les commentateurs en ont fait l'objet de longues discussions pour expliquer les différents éléments qu'il contient, néanmoins, les traits prophétiques qui y sont contenus ne peuvent être niés, pensant avant tout à la foi qui a animé Jacob en le donnant (cf. Hébreux 11: 21).

Au moment de l'événement dont nous parlons, c'est-à-dire lorsque les deux fils de Joseph furent amenés devant le vieux patriarche pour être bénis par lui, Jacob avait cent quarante-sept ans. Les dix-sept ans qui s'étaient écoulés depuis son arrivée en Égypte s'étaient écoulés sans subir la terrible tragédie de la terrible famine qui faisait rage dans tout le pays, parce que Joseph avait pris la charge de subvenir à ses besoins et à toute sa famille.

a) Jacob donne des instructions sur ses funérailles

Sentant que le jour de sa mort approchait, il appela son fils Joseph vers lui, pour lui dire qu'après sa mort, son corps ne devait pas être enterré en Égypte, mais emmené au pays de Canaan, pour y être enterré. Pour s'assurer que ce qu'il disait à son fils serait exécuté exactement selon sa volonté, il n'est pas satisfait du simple oui que lui prononce Joseph, il exige un serment précis qui garantit l'ensemble.

Jacob savait que si Dieu lui avait permis de descendre en Égypte pour voir son fils Joseph, ce n'était pas pour y rester pour toujours, mais pour un temps, après quoi l'Éternel lui-même entreprendrait de le *ramener* (46: 4). Face à cette parole précise que Dieu lui a dite à Beer-Sheva, le patriarche croit opportun que son corps soit enterré au pays de Canaan; c'est pourquoi il le mentionna spécifiquement à son fils Joseph.

Laisser des dispositions précises concernant les funérailles d'une personne, (surtout lorsqu'il s'agit d'un croyant), à sa famille, ne doit pas être considéré comme un non-sens, quelque chose qui n'a aucune importance. Le respect de la volonté du défunt, en ce qui concerne sa propre inhumation, a la même valeur que les biens matériels qu'il laisse aux membres de sa famille.

b) La maladie de Jacob

Rien ne nous est précisé sur le type de maladie qui a frappé Jacob et qui mènera à sa mort. Joseph a appris que son père était malade. En pensant à ce que son père lui avait dit avant de tomber malade, Giuseppe a dû penser: mon père est malade; probablement le jour de sa mort est proche. Avant qu'il ne ferme les yeux, je veux lui amener mes deux garçons pour qu'ils soient bénis par lui. Joseph, en tant que juif, croyait que la bénédiction qu'un parent (dans ce cas, son père) donnerait à leurs enfants resterait dans le futur.

Sans que son père en fasse la demande, Joseph se présente devant Jacob avec Manassé et Éphraïm, afin que le vieil homme leur donne une bénédiction spéciale avant sa mort. A cette époque, les deux garçons de Giuseppe avaient une vingtaine d'années.

Quand il fut rapporté à Jacob: *"Regarde! Ton fils Joseph vient vers toi"*, Israël rassembla ses forces et s'assit sur le lit.

Jacob dit à Joseph: "Dieu tout-puissant m'est apparu à Luz au pays de Canaan, m'a béni et m'a dit:" Voici, je te rendrai fécond, je te multiplierai, je ferai de toi une multitude de peuples et Je donnerai cette terre à vos descendants par la suite de vous, en tant que propriété perpétuelle ".

Maintenant, vos deux fils, qui vous sont nés au pays d'Égypte, avant que je ne vienne vers vous en Égypte, sont à moi. Éphraïm et Manassé sont à moi, comme Ruben et Siméon.

Mais les enfants que vous aurez engendrés après eux seront les vôtres; sur le territoire de leur héritage, ils seront appelés du nom de leurs frères.

Quant à moi, en revenant de Padda Haran, Rachel est morte à mes côtés pendant le voyage, au pays de Canaan, à une courte distance d'Ephrata; et je l'ai enterrée là, sur la route d'Ephrata, qui est Bethléem. "

Quand Israël a vu les fils de Joseph, il a dit: "Qui sont-ils?"

Joseph répondit à son père: "Ce sont mes enfants, que Dieu m'a donné ici." Puis il a dit: "Oh, amenez-les près de moi, et je les bénirai."

Maintenant, les yeux d'Israël étaient obscurs en raison de l'âge, et il ne pouvait pas voir. Joseph les a rapprochés de lui, les a embrassés et les a embrassés.

Puis Israël dit à Joseph: "Je ne pensais plus revoir votre visage, mais maintenant Dieu m'a donné de voir aussi votre progéniture."

Joseph les retira des genoux de son père et se prosterna le visage contre terre (48:2-12).

La visite que Joseph fait à son père, se sentant malade, pourrait faire partie d'un devoir familial, s'il était parti seul. Cependant, puisqu'il est allé avec ses deux fils, il est tout à fait clair qu'il y avait un autre but dans l'esprit de Joseph. Selon ce que dit l'Écriture, si Joseph rend visite à son père et emmène Manassé et Éphraïm avec lui, c'est essentiellement parce qu'il voulait que ses enfants soient bénis, par l'ancien parent, avant de s'endormir dans le sommeil de la mort.

A la nouvelle que Jacob reçoit la venue de son fils Joseph, couché à cause de sa maladie, il rassemble la force qui reste encore dans son corps et l'accueille assis sur son lit.

La question que Jacob pose à son fils Joseph à propos de ces deux jeunes hommes qu'il aperçoit devant lui, pour savoir qui ils étaient, peut être justifiée par le fait que le vieil homme, à cause de son âge, ne pouvait plus nous voir. Il est en effet impensable que, pendant les dix-sept ans de son séjour en Égypte, Jacob n'ait jamais vu les deux fils de Joseph.

Il est très important de considérer comment Jacob commence à converser avec Joseph. L'improbabilité que l'enfant, à qui parle le père, ne sache pas ce que le parent s'apprête à lui dire, est presque inexistante. Au sein de la famille, avant que Joseph ne descende en Égypte, Jacob a probablement raconté à sa famille son expérience à Béthel et ce que Dieu lui avait promis à cette occasion.

Cependant, depuis tant d'années se sont écoulées, le vieux parent a dû se dire: qui sait si mon fils Joseph a oublié ce que j'ai dit à toute ma famille, de l'expérience que j'ai vécue au Béthel quand Dieu m'est apparu et m'a fait de merveilleuses promesses. Au cas où il les aurait oubliés, voici maintenant une bonne occasion de lui parler de cet événement extraordinaire. Il ne s'agit donc pas de simplement raconter quelque chose du passé, ou d'un fantasme qui lui a traversé l'esprit. Il s'agissait plutôt d'affirmer au fils bien-aimé que, à Luz = Béthel, c'était le Dieu tout-puissant qui lui apparaissait, le bénissait et lui promettait qu'il le rendrait fécond, au point de le faire *devenir une multitude des peuples*, et lui promettant également de *donner* la terre de Canaan *comme propriété perpétuelle à sa progéniture.*

Certaines expériences particulières que l'on a dans la vie chrétienne, en particulier celles qui laissent des traces indélébiles dans l'existence, en s'en souvenant et en les racontant aux autres, à commencer par sa famille, font toujours du bien, non seulement à ceux qui les racontent, mais aussi à ceux qui profiter d'eux les écoute, peu importe le temps écoulé. Jacob n'a pas parlé à Joseph de l'expérience de Béthel, gardant simplement son esprit dans le passé; il pouvait aussi en parler en regardant les deux fils de Joseph, qu'il allait bénir, comme l'une des nombreuses preuves de l'accomplissement de la promesse divine.

Vos deux enfants, qui vous sont nés au pays d'Égypte, sont à moi. Éphraïm et Manassé sont à moi, comme Ruben et Siméon.

Avec ces mots précis, le vieux patriarche avait déjà entrevu, prophétiquement parlant, le changement de position qui allait avoir lieu chez ces deux jeunes hommes. Quand

Joseph a emmené les deux fils chez son père, il les nomme Manassé et Éphraïm, pour souligner qui était le premier-né et le deuxième-né. Jacob, en revanche, renverse la position: le premier-né devient le second né et le second-né devient le fils aîné.

Nous ne savons pas si à ce stade Joseph aura compris l'inversion faite par son père ou s'il l'aura considérée comme une erreur de prononciation, puisqu'il ne fait aucune objection au parent.

c) Jacob renverse la position des deux fils de Joseph

Ayant constaté que les deux sont les deux garçons de Giuseppe, le vieux père, qui est également aveugle, ordonne que les deux fils viennent à lui pour les bénir. Le fait que le patriarche les *embrasse* et les *embrasse* avant de leur donner la bénédiction, cela dénote l'affection qu'il leur a montré. Puisque Joseph n'avait pas encore compris quelle était la véritable intention de son père en bénissant ses enfants, il les rapproche de telle manière que la main droite du vieil homme repose sur la tête de Manassé et sa gauche sur Éphraïm.

Cependant, le vieux père, même s'il ne voyait pas, dans cet acte qu'il accomplissait, était ému par la foi (cf. Hébreux 11, 21), il a inversé ses mains, la droite l'a placée sur la tête d'Éphraïm et la gauche sur ça par Manassé. Ce faisant, à ce moment-là, il déclara publiquement et fermement qu'Éphraïm assumait la position de premier-né et Manassé celle de deuxième-né, une position qui restera inchangée à l'avenir.

Alors il bénit Joseph et dit: "Le Dieu devant lequel mes pères Abraham et Isaac ont marché, le Dieu qui m'a fait paître depuis mon existence jusqu'à ce jour, l'Ange qui m'a libéré de tout mal, bénis ces enfants! Qu'ils soient appelés par mon nom et par le nom de mes pères Abraham et Isaac, et se multiplient grandement sur la terre! "(Vv. 15:16).

En donnant la bénédiction aux fils de Joseph, Jacob se souvient de son DIEU, comme Celui qui l'a fait *paître pendant les années de sa vie* et *l'Ange* = Dieu lui-même (cf. 32: 28,30), *qui l'avait délivré de tout mal* . Un tel souvenir ne signifiait pas seulement pour lui, mais signifiait aussi: comme mon Dieu l'a fait pour moi, il fera de même avec vous aussi!

La procédure avec laquelle le vieux grand-père a béni ses petits-enfants n'a pas plu à Joseph, qui a protesté et a essayé de corriger l'erreur de son père, pensant mettre les choses dans le bon ordre. Mais la réponse qu'il a reçue était:

Je sais, mon fils, je sais; lui aussi deviendra un peuple, et lui aussi sera grand; cependant, son jeune frère sera plus grand que lui, et sa progéniture deviendra une multitude de nations (v. 19).

Il est admirable la fermeté avec laquelle Jacob a agi, dans l'acte de bénédiction des garçons de Joseph, sans céder à la pression que son fils a exercée sur lui, pour que la bénédiction transmise *par la foi* puisse être changée en un souhait selon l'évaluation humaine. Quand c'est la foi qui guide et motive les actions d'une personne, il sera difficile pour les changements de direction de se produire. Nous avons tellement à apprendre du vieux patriarche Jacob!

Enfin, si vous regardez l'histoire biblique, vous pouvez comprendre que Jacob avait raison quand il a donné une plus grande bénédiction à Éphraïm que celle de Manassé.

Dans l'arrangement des diverses tribus d'Israël dans le camp que l'Éternel dira à Moïse, il y a aussi celui d'Éphraïm

(Nombres 2:18). Outre les quatre drapeaux qui distingueront les quatre camps, l'un sera celui d'Éphraïm. Le nombre du peuple d'Éphraïm sera de 40 500, tandis que celui de Manassé sera de 32 200 (cf. Nombres 1: 32,33,35; 2: 18,20). Dans le Psaume 80.2, Éphraïm est mentionné avant Manassé. Dans la Bible, le nom d'Éphraïm est rapporté 174 fois, tandis que celui de Manassé est de 150.

Après avoir donné la bénédiction à Éphraïm et à Manassé, Jacob conclut en disant à son fils Joseph, les paroles suivantes:

Voici, je vais mourir, mais Dieu sera avec vous et vous ramènera au pays de vos pères (v. 21).

d) Que peut-on tirer de cette histoire

Les enseignements que l'on peut tirer de la bénédiction des enfants de Joseph sont les suivants:

1) Jacob accueillit les deux garçons avec lui, sans montrer aucune partialité. Alors qu'il embrassait l'un, il embrassait l'autre aussi. L'étreinte qu'il a donnée à Éphraïm était la même pour Manassé. Les sentiments d'affection et de sympathie s'exprimaient à parts égales, sans aucune discrimination.

2) En ce qui concerne la bénédiction qu'il a donnée, il ne s'est pas laissé guider par ce que son fils Joseph aurait pu lui suggérer, ni n'a gardé à l'esprit l'ordre de naissance des deux frères, comme il était juste de le faire, suivant l'homme logique et selon la coutume de l'époque.

3) Le choix de placer Éphraïm dans la position de premier-né (privilège particulier) par rapport à Manassé, n'a pas été fait selon des considérations et des calculs humains,

mais par l'intuition divine, en vertu de l'esprit prophétique qui l'a guidé.

4) Enfin, toutes les actions qu'il a prises en donnant la bénédiction ont été faites par la foi. Même si son fils Joseph a tout fait pour rectifier ce que son père avait fait, le vieux patriarche resta ferme dans sa décision et expliqua en même temps à son fils pourquoi il avait agi de cette manière.

Chapitre 20

JACOB BÉNIT SES DOUZE FILS

Note d'introduction

Genèse chapitre 49, de 1 à 28, est généralement considérée par tous comme la bénédiction que Jacob voulait donner à ses douze fils avant sa mort. Quelqu'un a fait valoir à juste titre que le passage en question pouvait être qualifié de «phrases» que le vieux père voulait prononcer contre ses enfants. Par conséquent, quelle que soit la définition que nous voulons donner au texte en question, nous l'examinerons pour ce qu'il est, en mettant en évidence les différents éléments, (dont certains sont purement prophétiques) pour essayer de comprendre ce que Jacob voulait dire à leur égard qui plus tard seront considérés comme les fondateurs de la nation israélite.

Contrairement à la bénédiction que Jacob donna aux douze fils de Joseph, sans qu'il l'ait demandé, celle que le patriarche prononça envers ses douze fils, était expressément désirée par le vieux père. Cela signifie que si les enfants de Jacob ont appris ce qui concernait leur vie, présente et future, c'est parce que leur parent, par l'intuition divine, a pu entrevoir les événements pour l'avenir de leur existence et aussi se rappeler comment ils s'étaient comportés jusque-là journée.

Enfin, en faisant correspondre et en comparant avec la bénédiction que Moïse prononça avant sa mort sur les douze tribus d'Israël, qui portaient les noms des douze fils de Jacob, décrits dans (Deutéronome 33), non seulement on remarquera une différence notable, mais cela servira également à mieux les comprendre. Si les deux personnages en question sont crédités d'avoir été inspirés par l'Esprit de Dieu, dans ce qu'ils ont affirmé, le sens de leurs affirmations doit encore être encadré dans le fait que chacun d'eux a souligné l'existence de ces représentants de la nation juive en particulier, avec leurs lumières et leurs ombres.

Enfin, pour mieux évaluer ce que Jacob et Moïse ont dit, les deux textes serviront à les maintenir présents dans notre réflexion.

Examen biblique

En convoquant ses fils à ses côtés, le vieux Jacob leur parle non seulement de ce qui *se passera dans les jours à venir*, mais en même temps les exhorte à écouter leur père Israël.

1) RUBEN

Ruben, tu es mon premier-né, ma force, les prémices de ma vigueur, éminente en dignité et éminente en force. Impétueux comme l'eau, vous n'aurez pas la prééminence, car vous êtes monté au lit de votre père et vous l'avez profané. Il monta vers son lit (Genèse 49:3,4).

Vive Ruben et ne meurs pas; mais que ses hommes soient réduits à peu (Deutéronome 33:6).

Ruben, étant le premier-né des fils de Jacob, avait droit à une double bénédiction. Il a perdu ce privilège à cause de ce qu'il a fait quand il s'est couché avec Bilah, la servante de Rachel, la concubine de son père (Genèse 35:22); par conséquent, le privilège d'avoir *la prééminence sur ses frères lui a* été enlevé. Jacob le définit aussi *impétueux que l'eau*, car ce qu'il a fait, c'est-à-dire qu'il ne pouvait pas contrôler son élan sexuel, c'est-à-dire sa passion pécheresse.

Si cette passion pécheresse correspond à ce qu'affirme le prophète Osée, on peut saisir le sens de sa dangerosité.

Ce sont tous des adultères, comme un four chauffé par le boulanger qui tente d'allumer le feu après avoir pétri la farine jusqu'à ce qu'elle se lève. Pendant qu'ils guettent, ils préparent leur cœur comme un four; leur boulanger dort toute la nuit, et matin le brûle comme un feu flamboyant (Osée 7:4,6).

Avec une telle illustration, le feu passionné de la sexualité apparaît dans sa force explosive, capable de dériver une personne qui ne peut pas se contrôler. Ruben, allumé dans son cœur par le feu de sa passion charnelle, ne prit pas en compte que Bilah, n'était pas seulement la servante de Rachel, qui avait été donnée par Rachel elle-même comme épouse à son mari Jacob, afin qu'il puisse avoir des enfants par elle, elle était aussi la concubine de son père.

En fait, Ruben ne reçoit aucune forme de bénédiction de son père; il ne reçoit qu'une sévère réprimande. Donc pour lui, il n'y a pas de prédiction de bien pour l'avenir, il n'y a que la privation de son droit d'exceller sur ses frères, à cause de son péché.

L'inceste que Ruben a commis quand il s'est couché avec la concubine de son père peut être comparé à ce qui s'est passé dans l'église de Corinthe, de l'homme qui a *gardé la femme de son père avec lui* (1 Corinthiens 5:1). Le fornicateur de l'église corinthienne a été condamné à l'expulsion de la communauté e

Livré entre les mains de Satan pour la perdition de la chair, afin que l'esprit soit sauvé au jour du Seigneur Jésus (1 Corinthiens 5:2-5).

La déclaration des Écritures est vraie: *le salaire du péché, c'est la mort* (Romains 6:23). Le péché, dans ses diverses manifestations, n'a qu'un seul salaire à payer, la mort, pas tant le physique que le spirituel, c'est-à-dire la séparation d'avec Dieu. Si la repentance n'intervient pas dans la vie du pécheur, cette séparation sera une condamnation éternelle, loin de la présence de Dieu, source de bien et de toute jouissance.

Si les paroles de Moïse sont dûment prises en compte: *Vive Ruben et ne meurs pas* (même si elles se réfèrent à la tribu et non au fils de Jacob), nous pouvons néanmoins reconnaître le concept de repentance, pour ce que Ruben avait fait. Si le péché paie avec la mort, la repentance restaure plutôt la vie et la destruction du pécheur ne se produit pas.

2) SIMEON et LEVI

Simeone et Levi sont frères. Leurs épées sont des armes de violence.

Que mon âme n'entre pas dans leur conseil, que ma gloire ne se joigne pas à leur réunion! Car dans leur colère ils tuaient des hommes, et dans leur obstination ils coupaient les jarrets des taureaux.

Maudit leur colère, parce que c'était violent, et leur fureur parce que c'était cruel! Je les diviserai en Jacob et les disperserai en Israël. (Vv. 5-7).

Puis de Lévi il dit: «Votre Thummim et votre Urim appartiennent à votre homme pieux, que vous avez éprouvé à Massa, et avec qui vous avez combattu aux eaux de Mariba.

Il dit de son père et de sa mère: "Je ne les ai pas vus"; il n'a pas reconnu ses frères et ne considère pas ses propres enfants; parce que les Lévites ont gardé ta parole et ont gardé ton alliance.

Ils enseignent vos décrets à Jacob et votre loi à Israël; ils mettent l'encens devant vous et l'holocauste tout entier sur votre autel.

O Seigneur, bénis sa force et accepte le travail de ses mains. Percez les reins de ceux qui se lèvent contre lui et de ceux qui le haïssent, afin qu'ils ne ressuscitent plus » (Deutéronome 33:8-11).

Dans le texte du Deutéronome, la mention de Siméon manque; le seul nom omis de la liste.

Dans le texte de la Genèse, il y a une condamnation claire et une grave malédiction pour les deux frères, pour la cruauté avec laquelle ils ont tué les Sichémites, pour venger la violation que Dina, leur sœur, a subie aux mains du prince de la ville de Sichem (Genèse 34:1-19). Les épées que ces deux frères ont utilisées pour perpétrer leur massacre sont définies comme des *instruments de violence.* L'épée elle-même n'a jamais contribué à la paix et à la détente dans les relations humaines; elle a toujours provoqué des effusions de sang et exacerbé la pertinence de deux peuples, de deux peuples, de deux nations. L'arme blanche n'a jamais résolu les conflits qui surgissent au milieu de l'humanité, au contraire elle les exaspère et complique considérablement la réalisation de l'harmonie et de la concorde.

La vengeance n'est rien mais la manifestation de la colère de l'homme ne *favorise* pas *la justice de Dieu* (Jacques 1:20). Ceux qui font justice de leurs mains ne tiennent pas compte de la parole des Écritures:

Ne vous vengez pas, ma chère, mais cédez à la colère de Dieu, car il est écrit: Vengeance à moi, je paierai le châtiment, dit le Seigneur (Romains 12:19; Hébreux 10:30; Deutéronome 32:35).

Par colère, Siméon et Lévi ont tué les hommes de Sichem. La colère vous fait facilement perdre le contrôle et conduit l'homme à se tacher facilement les mains de sang. La violence, la fureur et la cruauté sont générées par la colère, alors Jacob l'a maudite fermement, sans accorder aucune circonstance atténuante.

Avec le texte du Deutéronome, la scène change radicalement (du moins en ce qui concerne Levi, puisque Siméon n'est même pas mentionné). La méchanceté et la cruauté mises en évidence par le texte de la Genèse disparaissent dans celui du Deutéronome. La bénédiction que Moïse a donnée à la tribu de Lévi est basée sur des pratiques bien spécifiées.

     a. Is ont gardé la parole du Seigneur;
     b. Ils ont gardé l'alliance du Seigneur;
     c. Ils enseignent les décrets de Dieu à Jacob et sa loi à Israël;
     d. Ils mettent l'encens devant le Seigneur et l'holocauste sur son autel.

Face à tout cela, Moïse invoque la bénédiction de Dieu sur *la force de Lévi* et prie Dieu d'accepter *le travail de ses mains*. Il demande également que *ceux qui se lèvent contre lui* soient *transpercés et que ceux qui le haïssent ne soient plus ressuscités.*

Si Moïse l'a dit ainsi, c'était essentiellement parce qu'il gardait à l'esprit ce que Dieu avait ordonné pour la tribu de Lévi. Lorsque Moïse a prononcé la bénédiction pour les tribus d'Israël, il était proche de la mort. Il a ensuite vu comment chacun d'eux s'était comporté. Pour la tribu de Lévi, il y avait des choses importantes à prendre en compte. Si les Lévites aidaient les prêtres dans les services religieux quotidiens et particuliers, ils le faisaient parce que Dieu les avait choisis pour faire ce service. En fait, personne d'autre n'avait le droit d'être près du prêtre lorsqu'il s'approchait de l'autel pour présenter le sacrifice ou l'holocauste au Seigneur: seuls les Lévites étaient autorisés.

Et quand le tabernacle a dû être démantelé pour une nouvelle destination? Seuls les Lévites étaient autorisés, non par Moïse mais par Dieu, à faire ce travail, ainsi qu'à le remonter. Le travail de démontage et de remontage du tabernacle, et de transport de ses ustensiles, était une activité que seuls les Lévites avaient à faire, non pas parce que Moïse, en tant que chef et chef du peuple d'Israël, l'avait établi, mais parce que Dieu spécifiquement là-bas avait-il ordonné.

Lévi était donc une tribu que l'Éternel avait choisie pour lui-même, leur confiant des tâches particulières. La demeure même des Lévites avait été fixée par Dieu. Ils ont dû installer leurs tentes, pas n'importe où dans le camp, mais autour du tabernacle.

Compte tenu de tous ces détails, et de nombreux autres qui n'ont pas été mentionnés (qui étaient alors des privilèges que Dieu avait accordés à Lévi), la bénédiction de Moïse et la prière particulière en sa faveur étaient plus que justifiées. Le livre des Nombres énumère spécifiquement tous les privilèges qu'avaient les Lévites.

3) Judas

Judas, vos frères vous loueront; ta main sera sur la nuque de tes ennemis; Les enfants de votre père se prosterneront devant vous.

Judas est un jeune lion; vous vous relevez de la proie, mon fils; il se penche, s'accroupit comme un lion, comme une lionne; qui ose le réveiller?

Le sceptre ne sera pas enlevé de Juda, ni le bâton de commandement d'entre ses pieds, jusqu'à ce que Silo vienne; et les peuples lui obéiront.

Il attache son âne à la vigne et son poulain à la meilleure vigne; il lave son vêtement au vin et son manteau au sang du raisin.

Il a les yeux brillants avec du vin et des dents blanches avec du lait (vv. 8-12).

Mais il a dit de Juda: "Écoutez, Seigneur, la voix de Juda et ramenez-le à son peuple; sa main combat pour sa cause; aidez-vous contre ses ennemis" (Deutéronome 33: 7).

Les paroles que Jacob a prononcées pour Judas sont plus qu'une bénédiction pour lui; c'est une vraie prophétie. Non seulement cela concerne l'avenir de ce fils envers les autres descendants, (le promouvant au rang de premier-né, puisque les trois premiers frères aînés de lui, ont perdu ce privilège, à cause de ce qu'ils ont fait) mais cela va très loin, jusqu'au Messie, Jésus-Christ.

L'éloge que Judas attirera de ses frères (à part cela c'est un signe de prééminence) met en évidence, non pas ce qu'il a fait ou fait, mais ce qui sera fait dans le futur. Si ses frères le louent, cela signifie qu'ils reconnaîtront et apprécieront ce qu'il fera.

La louange ne vient jamais pour une mauvaise action, pour un geste grossier, pour une parole mal placée, pour une ingérence dans les affaires des autres; mais toujours en référence à quelque chose qui affecte étroitement la vie d'une personne. Surtout lorsque vous êtes aidé en cas de besoin; réconfortez-vous dans les moments de découragement; conseillé en bien-être, harmonie, harmonie et paix.

La louange qui compte et qui a de la valeur, tant devant Dieu que devant les hommes, n'est pas celle que chacun sait se donner, mais celle qui vient des autres. L'Écriture disant: *louez un autre et non pas votre bouche, un étranger et non vos lèvres* (Proverbes 27:2), est plus que la vérité à tous égards.

Juda ne sera pas loué par un seul frère, mais par ses frères. Ce qu'il fera ne restera pas inaperçu, ne sera pas négligé, ne sera pas dispersé dans les airs, mais sera gardé à l'esprit au sein de sa famille.

Lorsque Léa, sa mère, lui a donné naissance, son intention était de célébrer l'Éternel (Genèse 29:35), alors il l'a appelé Judas = *qu'il* (Dieu) *soit loué*. Si une personne est louée pour sa gentillesse, pour sa gentillesse, pour sa générosité, pour son ingéniosité, pour sa sagesse, pour son assiduité, indirectement, le nom de Dieu est célébré et loué. Jésus avait raison quand il a dit:

Alors que votre lumière brille devant les hommes, afin qu'ils voient vos bonnes œuvres et glorifient votre Père qui est dans les cieux (Matthieu 5:16).

À son tour, l'apôtre Paul affirmait: *les magistrats, en fait, ne sont pas à craindre pour les bonnes œuvres, mais pour les mauvaises; voulez-vous maintenant ne pas craindre l'autorité? Faites ce qui est bon, et vous recevrez des louanges de sa part* (Ro 13:3).

Judas n'aura pas seulement l'éloge de ses frères, mais gardera aussi *sa main sur la nuque de ses ennemis*, comme pour les garder sous contrôle, pour les avoir conquis. De plus, *les enfants de son père se prosterneront devant lui*. La même bénédiction qu'Isaac a donnée à Jacob (Genèse 27:29) est maintenant donnée à son fils Juda.

Le contenu du (vv. 9-12), est extrêmement prophétique et ne concerne pas seulement la personne de Judas et sa tribu, mais concerne essentiellement le Messie, Jésus-Christ. Quand on dit que *Judas est un jeune lion ... il s'accroupit comme un lion*, projette l'image d'un animal qui après avoir pris sa proie et l'avoir dévorée, satisfait comme il est, ne veut pas marcher ou courir, mais du repos. Et qui le dérangera?

Dans une vision de l'Apocalypse de Jean, il est dit que l'apôtre a *vu dans la main de Celui qui était assis sur le trône, un livre écrit à l'intérieur et à l'extérieur, scellé de sept sceaux. Et à la question: *qui est digne d'ouvrir le livre et de défaire ses sceaux?* La réponse était que: *personne, ni au ciel, ni sur terre ni sous la terre, ne pouvait ouvrir le livre et le regarder.* Tandis que Jean pleurait ce qu'il avait vu et entendu, un des anciens s'avança et lui dit: «*Ne pleure pas; voici, le Lion de la tribu de Juda, la racine de David, a vaincu pour ouvrir le livre et en détacher les sept sceaux* » (Apocalypse 5:1-5).

Que le passage parle de Jésus-Christ, cela ne fait aucun doute. Jésus comme l'Agneau a été tué, mais comme Leo, il a vaincu toute puissance infernale. Face à l'évidence de cette Écriture, nous pouvons dire avec certitude que le Lion de Genèse 49:9 est le même que celui présenté dans Apocalypse 5:5.

Puisqu'il n'y a aucun autre texte dans la Bible qui puisse expliquer, prophétiquement parlant, Genèse 49: 9; le seul qui soit parfaitement cohérent et qui l'explique, est précisément Apocalypse 5:5.

Quant à 1P 5:8, où il est dit que *le diable se* promène *comme un lion rugissant à la recherche de quelqu'un à dévorer*, il faut dire tout de suite que le diable n'est pas un lion; il est comme un lion ... et, s'il rugit et se promène, c'est qu'il a faim et part à la recherche d'une proie pour la dévorer.

Le *sceptre* et le *bâton de commandement*, dont le v. 10, font clairement référence à la royauté, qui sera entre les mains de ceux qui auront l'obéissance des peuples. Cette obéissance universelle aura lieu au temps du millénium, lorsque Jésus-Christ régnera en tant que Roi des rois et Seigneur des seigneurs.

Le terme hébreu **Scihor**, que toutes les traductions ne rapportent pas, en plus d'être un titre du Messie, signifie *être au repos, en paix*, d'où le *pacificateur*.

La phrase *jusqu'à ce que Scihor* vienne a été rendue différemment par les traducteurs. Qui traduit: "jusqu'à ce *qu'il vienne à Silo"* (voulant faire allusion à un lieu de culte bien connu); «*Jusqu'à ce que vienne ce qui lui appartient*» (ainsi tenait la LXX); *"Jusqu'à ce qu'il vienne à qui il - le sceptre - appartient"; "Jusqu'à ce qu'il vienne à qui il appartient"* ; *"Jusqu'à ce que vienne celui à qui il appartient"* . Une nouvelle proposition est: *"jusqu'à ce que son attendu vienne"* ; *"Son chef.* " Le reste de la phrase décrit l'abondance agricole qui existera pendant cette période. Une opulence similaire à celle-ci sera vue dans le millénium (Esaïe 61:6-7; 65:21-25; Zacc. 3:10).

Avec les quelques mots que Moïse utilisa pour donner la bénédiction à Judas, selon le texte de Deutéronome 33: 7, il demande au Seigneur d'écouter la voix de Judas, quand il se tourne vers lui, se trouvant en difficulté, et que son aide soit contre ses ennemis. Ce ne sera donc pas une victoire que Judas obtiendra avec son habileté et sa force, mais avec l'aide qu'il recevra de l'Éternel, il pourra ainsi l'emporter sur ses ennemis.

Dans la vie chrétienne, d'une manière particulière, la garantie de réussir les différentes difficultés, ou de remporter la victoire sur les différents ennemis que l'on rencontre chaque jour, ne réside pas dans le bras de la chair, mais seulement dans l'aide qu'ai reçu de l'Éternel.

4) ZABULON

Zabulon vivra sur la côte des mers et sera un refuge pour les navires; sa frontière s'étendra vers Sidon (v. 13).

De Zabulon il a dit: «Réjouis-toi, Zabulon, dans ta sortie. Ils appelleront les peuples sur la montagne et là, ils offriront des sacrifices de justice; car ils suceront l'abondance des mers et les trésors cachés dans le sable » (Deutéronome 33:18,19).

C'est pour indiquer que Zabulon s'installera dans une zone où il pourra mener des activités commerciales avec succès. Dans la bénédiction de Moïse, Zabulon est invité à se réjouir de son départ, en pensant à ce qu'il tirera de l'abondance des mers et des trésors cachés dans le sable (qui ont été interprétés comme des escargots violets).

5) ISSACAR

Issacar est un âne robuste, couché parmi les plis.

Il a vu que le reste était bon et que le pays était agréable; il a plié son épaule pour supporter le poids et est devenu un serviteur du travail forcé (vv, 14,15).

Et vous, Issacar, réjouissez-vous dans vos tentes!

Ils appelleront les peuples sur la montagne et y offriront des sacrifices de justice; car ils suceront l'abondance des mers et les trésors cachés dans le sable » (Deutéronome 33:18,19).

La définition qui est faite d'Issacar, *un âne robuste*, signifie que sa robustesse est utilisée uniquement pour porter des charges et non pour effectuer des activités de travail. En fait, il est devenu un serviteur pour faire du travail forcé. Le travail forcé est généralement effectué par des esclaves, ceux qui ont perdu leur liberté ne peuvent pas disposer de leurs énergies et capacités à leur gré. Issacar aussi, comme Zabulon, est invité à se réjouir, non pas quand il sort, mais quand il reste dans les tentes. Lui aussi participe à la richesse des mers et des trésors cachés dans le sable, avec Zabulon.

6) DAN

Dan jugera son peuple comme l'une des tribus d'Israël.

Dan sera un serpent sur la route, un aspe sur le chemin, mordant les talons du cheval, de sorte que le cavalier tombe en arrière (vv. 16.17).

De Dan il a dit, "Dan est un jeune lion, sautant de Basan" (Deutéronome 33:22).

A la fonction de juge, comme son nom correspond, est associée l'image d'un serpent, d'un aspe qui mord. Les deux images ne sont pas compatibles, surtout si on donne au serpent le sens de la *ruse* (cf. Genèse 3:1). Administrer la justice avec ruse n'est certainement pas la meilleure chose, du point de vue de l'impartialité, qu'exige cette activité spécifique. Il nous semble que nous voulons montrer ici deux aspects de deux temps différents, qui peuvent se manifester chez la même personne.

Un juge qui administre la justice, indépendamment de ses préoccupations personnelles, est pratiquement celui qui *coupe à juste titre la parole de vérité* (2 Timothée 2:15 Diodati). Mais s'il manifeste de la ruse dans sa fonction, cela signifie en pratique qu'il a échoué dans son entreprise et a trahi son mandat.

L'aspic qui se déplace sur le chemin et mord, est un serpent venimeux. En mordant le talon du cheval, il fait chuter le cavalier qui le monte en arrière, avec des conséquences désastreuses. Les anciens ont vu à l'image de Dan, une prophétie de l'antéchrist, la dernière à se manifester avant le retour de Jésus-Christ. Ce personnage pourra incarner la sagacité d'un cadre international qualifié, mais qui dans un second temps manifestera tout le danger dérivant de sa ruse, en demandant l'adoration comme Dieu.

Moïse compare Dan à un petit lion, pour désigner la force dans les luttes et les affrontements pour gagner.

7) GAD

Gad, une bande de pillards l'attaquera, mais il les attaquera à son tour sur ses talons (v. 19).

De Gad il a dit: «Béni soit celui qui étend Gad. Il ment comme une lionne et déchire son bras et son crâne.

Il saisit la première partie pour lui-même, car il y avait la partie privée du chcf; il est venu avec les chefs du peuple et a exécuté la justice du Seigneur et ses décrets avec Israël » (Deutéronome 33:20-21).

Même si Gad est attaqué par les pillards, afin de le voler, il finira par prendre le dessus sur eux, pour les faire revenir de leur mauvaise initiative. Que Gad mettrait les pillards en danger, est confirmé par Moïse, quand il le compare à une lionne qui déchire *bras* = force et *crâne* = intelligence stratégique.

Lorsque le peuple de Dieu est attaqué par les forces ennemies, le seul qui peut les aider et changer les situations est celui qui ne dort pas et ne dort pas, c'est-à-dire Dieu (Psaume 121:3,4).

8) ASHER

D'Asher viendra le pain savoureux et il fournira de vrais délices (v. 20).

À propos d'Aser, il a dit: «Béni plus que tous les enfants soient Aser! Soyez le favori de vos frères et trempez votre pied dans l'huile.

Que vos sandales soient de fer et de bronze, et que votre force dure aussi longtemps que vos jours (Deutéronome 33: 24,25).

D'après la bénédiction de Jacob, on peut voir qu'Asher sera une machine à *pain* = nourriture de base. Son pain, cependant, n'aurait pas été ordinaire, mais *savoureux*. Son nom signifie *heureuse* et Léa a exprimé son bonheur à sa naissance, non pas parce qu'elle lui a donné naissance, mais parce que les *femmes la diront bienheureuse. C'est pourquoi il l'appela du nom d'Aser.* (Genèse 30:13).

Quant à l'expression *pain salé*, puisqu'elle n'a pas été rendue de cette manière par tous les traducteurs, il est utile de rapporter la signification des deux mots du texte hébreu. Le mot hébreu **lechem** signifie nourriture; nourriture pour l'homme, pain, blé. **Shâmên,** signifie *gras,* huileux. Figue *riche, savoureuse et abondante.* Les traducteurs qui ont traduit les deux mots en question *aliments gras* ont mis en évidence le sens strictement étymologique; tandis que ceux qui en ont fait du *pain savoureux ont* précisé le type de nourriture = pain. En faisant cela, ils ont appliqué le sens figuré et ont également fait ressortir sa saveur.

Comme ce n'est pas du pain ordinaire, nous avons fait une recherche pour savoir si la Bible contient des nouvelles de pain autre que la nourriture courante. Le résultat est le suivant.[9]

✓ *Pain blanc* (Genèse 40:16);

✓ *Pain* salé (Genèse 49:20);

✓ *Pain sans levure* (Exode 12: 8);

✓ *Pain levé* (Exode 24:15);

✓ *Pain du ciel* (Exode 16: 4);

✓ *Pain de présentation* (Exode 25:30);

✓ *Pain sans levain* (Exode 29:23);

✓ *Pain à l'huile* (Lévitique 8:26):

✓ *Pain perpétuel* (Nombres 4: 7);

✓ *Pain d'affliction* (Deutéronome 16: 3);

✓ *Pain d'orge* (Juges 7:13);

✓ *Pain ordinaire* (1 Samuel 21: 4);

✓ *Pain consacré* (1 Samuel 21: 4);

✓ *Pain chaud* (1 Samuel 21: 6);

✓ *Pain des prémices* (2R 4:42);

✓ *Pain des anges* (Psaume 78:25);

---

[9] Il seguente elenco di testi biblici che segue, è tratto dalla Nuova Diodati, versione che adoperiamo in questo nostro studio

✓ *Pain du ciel* (Psaume 105: 40);

✓ *Pain de travail acharné* (Psaume 127: 2);

✓ *Pain de* méchanceté (Proverbes 4:17);

✓ *Pain sec* (Proverbes 17: 1);

✓ *Pain de paresse* (Proverbes 31:27);

✓ *Pain d'angoisse* (Esaïe 30:20);

✓ *Pain contaminé* (Ézéchiel 4:13);

✓ *Pain de Dieu* (Jean 6:33);

✓ *Pain de vie* (Jean 6:35);

✓ *Pain vivant* (Jean 6:51).

Sur la base de cette liste, chacun pourra faire ses propres réflexions et en tirer une leçon utile.

Revenant à la bénédiction d'Ascer, on comprend immédiatement que le *pain savoureux* qu'il produira n'est pas une question de penser seulement aux ingrédients particuliers qui le rendront différent du *pain* ordinaire; ni penser aux délices qu'il fournira à la royauté, comme si sa nourriture n'était destinée qu'à eux. Il faut, en fait, garder à l'esprit l'élément principal de cette prophétie de bénédiction, à savoir que la nourriture particulière qui sera produite et rendue disponible sera destinée à ceux qui en feront la demande.

Enfin, nul besoin de considérer l'élément commercial, qui à première vue pourrait émerger, comme une source de gros gains, étant donné que la nourriture savoureuse viendra d'Asher, comme pour dire qu'elle ne viendra nulle part ailleurs. Le texte, cependant, à notre avis, ne se prête pas à de telles interprétations, il veut simplement souligner la bonne qualité du pain qui sera produit. Si donc à ce pain-nourriture, il est fait référence à l'autodéfinition de Jésus: *Je suis le pain de vie* (Jean 6:35), le sens spirituel applicable, est indéniable, car il n'y a rien de mieux qui puisse être comparé à ce que le Fils de Dieu donne, à ceux qui vont à lui et croient en son nom.

En conclusion, nous pouvons aussi ajouter, du point de vue d'une application spirituelle particulière, que tout le pain-nourriture qui est servi dans les différentes cantines des communautés ecclésiales n'est pas un aliment savoureux, en ce sens qu'il donne du plaisir à le manger. Dans de nombreux cas, ce n'est que du pain *sec* et *dur* (Proverbes 17:1), près d'être émietté et moisi. Ce n'est pas du pain chaud (1 Samuel 21: 6) pétri avec du miel et de l'huile (Lévitique 8:26) de la sagesse divine, mais imbibé du diluant du levain de l'hypocrisie, qui n'apporte aucun bien à l'âme et n'apporte aucun bien à l'âme ravir la vie de l'esprit.

De la bénédiction que Moïse donne, émergent d'autres éléments non moins importants, qui enrichissent toute la mosaïque de ce souhait. On dit, en fait, qu'Asher est plus béni que les autres enfants et qu'il est le favori de ses frères. La singularité et la supériorité de la bénédiction consistent à avoir du *pain savoureux* et à le fournir également aux tables de la royauté. Il, contrairement à ses autres frères, produira non seulement du *pain* -Alimentation *savoureux*, d'autres non, mais aussi une telle abondance d'huile qui peut même *plonger son pied*. Cette richesse est incomparable, tant d'un point de vue humain que spirituel.

En fait, d'un point de vue commercial, plus vous avez de pétrole, plus les revenus sont élevés et plus vous pouvez avoir de possibilités économiques. Si alors le sens spirituel de l'onction du Saint-Esprit est donné à l'huile, la richesse spirituelle devient plus significative. Face à l'abondance d'huile pour pouvoir plonger même le pied, le panorama s'élargit et on est conduit avant tout à penser au voyage dans l'onction de l'Esprit. Marcher dans l'Esprit et être immergé en Lui est une si grande richesse spirituelle qu'elle ne peut être comparée à rien d'autre.

Pour donner cohérence et sécurité à ces pieds immergés dans l'huile, les sandales sont en fer et en bronze. Cela signifie que les chaussures, fabriquées à partir de ces matériaux, sont si résistantes et sûres qu'elles ne risquent pas d'endommager les pieds. Comme si tout cela ne suffisait pas, il est également déclaré que la *force* d'Asher *dure aussi longtemps que ses jours*. En pratique, cela signifie que sa force ne sera pas limitée à un certain nombre de jours, mais couvrira toute la durée de son existence.

9) NAPHTALE

Naphtali est une biche relâchée dans la nature; il dit de belles paroles (v. 21).

De Naphtale il a dit, "O Naphtali, rassasié de faveurs et rempli des bénédictions du Seigneur, occupe l'ouest et le sud" (Deutéronome 33:23).

La figure de la biche, en elle-même, ne dirait pas grand-chose s'il n'y avait pas de spécification, c'est-à-dire *libérée*. Cet animal qui préfère les hauteurs, dans ses choix libres, peut le faire s'il est libéré. Si, au contraire, sa liberté lui est enlevée et qu'il est mis en cage, toute sa volonté de vivre sur les hauteurs est neutralisée. Le pied rapide qu'il a, il peut l'utiliser quand il est libre, sinon il est réduit à l'impuissance. Ce n'est pas un animal qui a la force de se battre comme le lion, par exemple; la caractéristique qui le distingue réside, en fait, dans le fait que son agilité de mouvements lui permet d'échapper à la poursuite d'un animal féroce, à supposer que celui-ci ait voulu le poursuivre.

David se compara au cerf qui, aspirant aux fleuves des eaux, ne s'arrêta pas dans sa recherche jusqu'à ce qu'il les trouve (Psaume 42: 1,2). De plus, il loue le Seigneur, qui a rendu ses pieds semblables à ceux des biches et le rend stable sur ses hauts lieux (Psaume 18:33). Habacuc, pour sa part, reconnaît que l'Éternel est sa force et que s'il marche sur ses auteurs, c'est le mérite de Dieu (Hab. 3:18).

Enfin, Naphtali *dit quelques mots gentils*. Cela signifie qu'il n'utilise pas de mots qui pourraient nuire à la réputation de quelqu'un, comme la médisance, par exemple.

Pour enrichir davantage la bénédiction de Nephtali, Moïse ajoute qu'il *est rassasié de faveur et rempli des bénédictions du Seigneur.* Les faveurs découlent sans doute des belles paroles qu'il prononce, non pas tant pour lui-même que pour les autres. Enfin, Nephtali est rempli, c'est-à-dire riche, non pas de biens matériels, mais de la bénédiction du Seigneur, la seule qui enrichisse vraiment (Proverbes 10:22). Grâce à cette abondante bénédiction divine, elle peut occuper de nouveaux territoires, à l'ouest et au sud.

10) JOSEPH

Joseph est une branche d'arbre fruitier; une branche d'arbre fruitier près d'une source; ses branches courent sur le mur.

Les archers l'ont provoqué, lui ont lancé des fléchettes, l'ont persécuté;

Mais son arc est resté ferme, ses bras et ses mains ont été renforcés par les mains du Puissant de Jacob, (par celui qui est le berger et le rocher d'Israël).

Du Dieu de votre père qui vous aidera, et du Très-Haut qui vous bénira avec les bénédictions du ciel d'en haut, avec les bénédictions de l'abîme qui se trouve en bas, avec les bénédictions des seins et de l'utérus.

Les bénédictions de votre père surpassent les bénédictions de mes ancêtres, jusqu'au sommet des collines éternelles. Ils seront sur la tête de Joseph et sur la couronne de celui qui a été séparé de ses frères (vv. 22-26).

De Joseph, il a dit: "Béni soit sa terre du Seigneur avec les dons précieux du ciel, avec la rosée, avec les eaux de l'abîme qui se trouve en bas,

Avec les précieux fruits du soleil, avec les produits précieux de chaque mois,

Avec les meilleurs produits des anciennes montagnes, avec les cadeaux précieux des collines éternelles,

Avec les dons précieux de la terre et tout ce qu'elle contient. La faveur de celui qui était dans la brousse est venue sur la tête de Joseph, sur la couronne de la tête de l'élu parmi ses frères!

Sa majesté est comme celle de son taureau premier-né, ses cornes sont comme celles d'un buffle. Avec eux, il transpercera tous les peuples, jusqu'aux extrémités de la terre. Ce sont les myriades d'Éphraïm. Ce sont les milliers de Manassé (Deutéronome 33:13-17).

Sans aucun doute, parmi les fils de Jacob, la bénédiction qui a été donnée par le père et par Moïse à Joseph était bien supérieure et plus importante que toutes les autres bénédictions.

Nous commençons par définir Giuseppe comme une branche d'arbre fruitier qui se tient près d'une source dont les branches courent sur le mur. Les arbres qui se trouvent près de la source sont ces plantes qui habituellement ne ressentent pas l'inconfort de la sécheresse, continuent à végéter et portent beaucoup de fruits (cf. Psaume 1: 3).

Les deux fils que Joseph avait en Égypte représentaient la preuve de la façon dont Dieu l'avait fait fructifier dans le pays de son affliction lorsqu'il appela son deuxième fils Éphraïm (Genèse 41:51).

La référence aux archers qui lui lançaient tant de fléchettes, cela a commencé dans sa propre famille, c'est-à-dire de ses frères qui, par envie et par haine, ne pouvaient pas lui parler de manière amicale et puis quand ils l'ont vendu comme un esclave. Plus tard, il se retrouva en Égypte, dans la maison d'un noble égyptien comme domestique, où dans cette même maison, il fut fortement tenté par sa femme d'aller se coucher avec elle.

Son refus lui a coûté la prison, pour l'accusation injuste qui lui a été portée pour harcèlement sexuel. La persécution qu'il a endurée était énorme, mais du Puissant de Jacob (qui est le berger et le rocher d'Israël) il a gagné la force et la délivrance, de sorte que son arc est resté stable et ses bras et ses mains ont été renforcés. Le même Très-Haut qui l'avait aidé dans les moments difficiles de sa vie, aurait aussi été Celui qui l'aurait béni avec toutes sortes de bénédictions, en commençant par celle du ciel et en terminant par celle de l'utérus.

La référence à sa couronne fait sans aucun doute allusion à la gloire qu'il a obtenue en Égypte, lorsqu'il est devenu la deuxième personne du royaume, malgré sa séparation de ses frères. Toute la grandeur et la gloire que Joseph a obtenues au pays d'Égypte n'étaient pas seulement à son avantage, mais étaient également utilisées pour soutenir les mêmes frères qui, au fil des ans, lui ont causé tant de chagrin. Dieu qui a vu la pureté et la fidélité de Joseph en lui restant fidèle l'a élevé au-dessus de ses frères. La bénédiction même qu'il a reçue de son père est un témoignage clair de la récompense qu'il a reçue du Très-Haut.

En pensant alors à la manière dont Moïse a béni la tribu de Joseph, et avec elle les deux fils, Éphraïm et Manassé, la richesse de la bénédiction divine est si grande qu'elle dépasse toutes les prédictions humaines, puisqu'elle remonte à qui était en la brousse. (c'est-à-dire à Yahvé, l'Éternel). Enfin, en comparant la majesté de Joseph au taureau premier-né et ses cornes à celles du buffle, la victoire sur tous les peuples est bien assurée pour un temps à venir.

11) BENJAMIN

Benjamin est un loup prédateur; le matin dévore la proie, et la nuit il partagera le butin (v.27).

De Benjamin il a dit: «Le bien-aimé du Seigneur habitera en sécurité avec lui. Le Seigneur le protégera continuellement et demeurera entre ses épaules » (Deutéronome 33:12).

Jacob et Moïse ont tous deux prédit que Benjamin serait un guerrier et que l'Éternel lui-même le protégerait et l'assurait de la victoire dans ses batailles. Lorsque l'Éternel habite entre les épaules, la personne est en sécurité; par conséquent, il n'y aura aucune force maléfique qui puisse le vaincre. Lorsque l'Éternel est notre protection, aucune force ennemie ne peut prévaloir. Avec l'assurance que Dieu est pour nous, nous pourrons chanter le même hymne triomphal dans lequel l'apôtre Paul a chanté (Romains 8:31).

Chapitre 21

DÉCÈS ET ENTERREMENT DE JACOB

yant donné la bénédiction à chacun de ses fils, Jacob, s'adressant à eux, ordonne:

« Je suis sur le point de retrouver mon peuple; enterrez-moi avec mes pères dans la caverne qui est dans le champ d'Efron le Hitteo, dans la caverne qui est dans le champ de Makpelah en face de Mamré, au pays de Canaan, celle qu'Abraham a acheté avec le champ d'Efron le Hitteo, comme un tombeau de sa propriété (Genèse 49:29,30).

Jacob avait donné l'ordre de l'enterrer au pays de Canaan à l'occasion de la bénédiction donnée à ses deux fils, Éphraïm et Manassé (Genèse 47:29,30). Douze descendants, il veut les impliquer tous en ce qui concerne ses funérailles, alors il leur a ordonné ce qu'ils doivent faire à sa mort et pour son enterrement. Si Jacob ne l'avait pas fait, dans cette circonstance particulière, il aurait donné le soupçon qu'il avait encore des sentiments particuliers d'affection pour Joseph. Oui, il est vrai que Jacob a des sentiments particuliers pour Joseph, par rapport à ses autres descendants, mais pour ses funérailles, il ne veut pas qu'il y ait de partialité, alors il s'est tourné vers eux tous.

Le père, en tant que responsable de toute la famille, doit éviter les sentiments et les traitements de partialité s'il veut préserver l'harmonie de toute la famille. S'il a manifesté ces attitudes chez lui au cours de sa vie, il pourra y remédier partiellement en assumant une position différente au moment du décès.

De Joseph, on prétend qu'à la mort de son père, *il se jeta sur son visage et pleura sur lui et l'embrassa* (50:1), tandis que des autres enfants, on ne nous dit rien. Ont-ils fait la même chose? On ne peut pas dire ça!

À ce stade, nous pouvons nous demander: pourquoi la Bible ne parle-t-elle que de Joseph, à l'occasion de la mort de Jacob, et ignore-t-elle tous les autres membres de la famille, comme s'ils n'existaient pas ou n'étaient même pas présents? Ce n'est certainement pas pour souligner que de la famille du vieux patriarche, personne n'a pleuré sauf l'avant-dernier de ses enfants. Oui, il est vrai que le protagoniste de toute l'histoire de la mort de Jacob apparaît Joseph et personne d'autre, pas même Benjamin.

Si nous gardons à l'esprit la position qu'avait Joseph à l'époque, en tant que représentant de la terre d'Égypte et en tant que personne qui soutenait la famille de Jacob, tout ce qu'il a fait à l'occasion de la mort de son père et la position de premier semble justifiable. Ordre qu'il a supposé dans cette circonstance.

De plus, il faut également souligner un autre aspect de la réalité, qui existe au sein de la société, à savoir: tout le monde ne sait pas comment exprimer la douleur de la même manière. Cela dépend bien sûr du degré de sensibilité de chacun. Il y a des sujets très sensibles qui, face à la mort, prennent des attitudes particulières. Par conséquent, ils ne trouvent aucune difficulté à manifester une profusion de larmes; tandis que d'autres, qui n'ont pas les mêmes caractéristiques, sont incapables de se remplir les yeux de larmes, comme si la personne décédée n'appartenait pas à la même cellule familiale.

Il ne fait aucun doute que les autres fils de Jacob partagent la douleur et les pleurs de la disparition de leur père. En revanche, si les autres descendants du patriarche avaient assumé le rôle de protagonistes dans ce cas particulier, la personne de Joseph aurait été ternie, au détriment de sa réputation.

Joseph, pour ce qu'il manifesta le jour de la mort de son père, souligna toute sa sensibilité à travers les pleurs qu'il fit et les attitudes qu'il prit dans cette circonstance. Il le fit surtout pour montrer, non pas tant le rôle qu'il jouait dans la maison du pharaon, ni la prééminence que son père lui avait assignée sur ses frères, que le fait qu'il aimait son parent différemment de lui comme les autres membres de la famille l'aimaient.

L'ordre qui avait été donné par Joseph d'embaumer Jacob, relevait des pouvoirs qu'il avait en Égypte, en tant que roi adjoint. Même la façon dont les funérailles ont été organisées reflète la position dominante que Joseph avait à la cour du Pharaon. Si l'un des fils de Jacob avait averti le pharaon de la mort du patriarche, cela n'aurait certainement pas produit le même effet dans la vie du monarque que lorsque la nouvelle lui fut communiquée au nom de Joseph.

Jacob avait le grand honneur d'avoir eu des funérailles nationales (comme on dirait de nos jours) non pas parce qu'il y avait pensé, mais uniquement à cause du mérite et du respect que son fils Joseph avait à la cour du Pharaon. Si *tous les serviteurs du Pharaon, les anciens de sa maison et tous les anciens du pays d'Égypte* assistaient aux funérailles (v. 7), ce n'était que pour honorer la position que Joseph avait sur le territoire d'Égypte. Les *chars et les cavaliers* qui se sont joints au cortège funèbre (v. 9), parlaient tous la même langue. Même la grande lamentation qui a été faite dans la cour d'Atad a été interprétée par les Cananéens *comme un deuil grave pour les* Égyptiens (v. 11).

En conclusion, le récit des funérailles de Jacob se termine par l'affirmation que *ses fils ont fait pour lui ce qu'il leur avait ordonné* (v. 12). Il n'y a pas de plus grand honneur pour un parent lorsque sa volonté est pleinement respectée par chaque membre de la famille.

Chapitre 22

CE QUE DISENT LES PROPHÈTES AUTOUR DE JACOB

Ce chapitre vise à rassembler les diverses références bibliques que les prophètes ont exprimées à propos de cet ancien patriarche, afin que le panorama de la connaissance de cet important personnage du passé soit complet. Bien que Jacob appartienne à un passé lointain de l'histoire biblique, il a néanmoins plusieurs choses à nous apprendre à nous qui vivons à d'autres époques et dans des contextes sociaux différents.

Dans les reliefs faits par les prophètes à propos de Jacob, il y a deux phrases qui ont sans aucun doute une signification particulière: la première est "la maison de Jacob", répétée 17 fois et la seconde, "Jacob le serviteur de l'Éternel", qui se produit 12 fois.

Pour la première phrase, les références sont: (Ésaïe 2:5,6; 8:17; 10:20; 29:22; 46:3; 48:1; 58:1; Jérémie 2:4; 5:20; Ézéchiel 20:5; Amos 3:13; 9:8; Abdias 1:17,18; Michée 2:7; 3,9).

Pendant que pour le second, les passages sont les suivants: (Ésaïe 44:1,2,21; 45:4; 48:20; 49:5; 49:6; Jérémie 30:10; 46:27; 46:28; Ézéchiel 28:25; 38:25).

Que la première phrase fasse allusion à toute la famille du patriarche, non seulement aux douze enfants seuls, mais aussi à tous ses descendants, c'est certain; tandis que le second, (qui est aussi une affirmation), met en évidence la personne de Jacob avec toutes ses forces et ses faiblesses. N'oubliez pas que Jacob était l'ancien nom du patriarche, qui porte avec lui tous les côtés sombres de son existence.

Cette déclaration, que les prophètes répètent dans divers passages, reflète une vérité essentielle, que les Écritures affirment fermement, à savoir que Dieu ne traite pas l'homme selon ce qu'il mérite, mais sur la base de sa bonté et de sa miséricorde (Psaume 103: 10)). En entrant dans les détails que les prophètes décrivent sur la vie du patriarche, nous révélons:

1) Dieu déclare clairement que s'Il a choisi et élu Jacob, c'était essentiellement pour le transformer (cf. Esaïe 44:21; 49:5). Pour achever ce travail, de nombreuses années se sont écoulées. Les nombreuses aventures que Jacob a rencontrées dans sa vie et les nombreuses difficultés qu'il a dû surmonter au cours de ses années faisaient parfaitement partie du dessein de l'Éternel, former cet homme, selon sa volonté et ses plans. Pour illustrer ce travail particulier que Dieu a accompli dans la vie du patriarche, nous pouvons très bien adapter ce que nous lisons au chapitre 18 du prophète Jérémie. Le vase qui échoue entre les mains du potier est retravaillé pour former un autre récipient, selon la volonté de l'artisan. Le potier a dû avoir beaucoup de patience pour achever son travail, car l'argile, avec ses éléments nocifs, ne favorisait pas le fonctionnement de ceux qui la travaillaient. C'était la même chose dans la vie de

Jacob. Mais Dieu, qui est extrêmement patient et gentil, à travers les longues années, a formé Jacob, dans son caractère et, tout ce qui était nuisible et n'a pas répondu selon la volonté divine a été éliminé, de sorte que cette argile informe, est devenue un précieux vase de louange et la gloire du Saint Nom de Dieu.

2) Ésaïe 14: 1 déclare que le Seigneur *aura pitié de Jacob*. De plus, le même prophète qui parle de la miséricorde de Dieu envers le patriarche affirme également que l'*iniquité de Jacob sera expiée, il sera racheté* (Ésaïe 27:9; 44:23; 48:20), car finalement il appartient à Dieu. (Ésaïe 43:1).

3) Quand Dieu *cache son visage de la maison de Jacob* (Ésaïe 8:17) et la quitte, il le fait parce qu'ils sont *pleins de pratiques orientales, ils pratiquent la magie comme les Philistins, ils font des alliances avec les enfants des étrangers* (Ésaïe 2:6). Bien que Jacob soit comparé à un *ver* , il est néanmoins encouragé à ne pas *craindre* et à ne pas avoir *peur* , car le Seigneur l'assure de son aide et de son soutien (Ésaïe 41:14; 44:2; 46:3; Jérémie 30:10) . En même temps, il l'exhorte à écouter le Seigneur (Ésaïe 46: 3; 48:1,12; Jérémie 2:4).

4) Le prophète contemplant ce qui se passera dans la vie de Jacob, dit: cela *prendra racine, Israël fleurira et poussera* (Esaïe 27:6). En conséquence, il n'aura plus à avoir *honte, car son visage ne* pâlira *plus* (Esaïe 29:22).

5) Quand la *détresse* de Jacob viendra, il sera sauvé (Jérémie 30: 7).

6) Jacob *reviendra, se reposera, se taira et personne ne lui fera plus peur* (Jérémie 30:10; 46:27).

7) Jacob lui - même *est racheté par la main d'un plus fort que lui* (Jérémie 31:11) et exhorté à ne pas être *consterné* (Jérémie 46:27)

8) Dieu promet à Jacob *d'être avec lui* (Jérémie 46:28).

9) Au sens figuré, Jacob devra *casser les mottes* (Osée 10:11).

10) La maison de Jacob *ne sera pas exterminée* (Amos 9:8).

11) Dieu promet que *le reste de Jacob sera comme la rosée envoyée par le Seigneur* (Michée 5:7).

12) La *gloire* de Jacob sera restaurée (Nahum 2:2)

13) Enfin, Jacob est *aimé de l'Éternel* (Mal. 1,2).

CONCLUSION

L'examen que nous avons mené sur la personne de Jacob nous a conduit à examiner les différentes situations dans lesquelles se trouvait le patriarche, à partir du moment où il était dans le ventre de sa mère, et en suivant tout le cours des événements qui ont caractérisé sa vie.

L'existence de cet ancien homme du passé n'était pas facile et exempte de difficultés et de dangers. Pendant de nombreuses années, il a dû rester loin de ses parents, dans un pays lointain. Et, dans la maison de Laban, à Paddan-Haram, il a dû subir des traitements désagréables, comme en référence à son mariage, au lieu d'avoir Rachel pour épouse, celle qu'il aimait, on lui donne sa sœur, Leah. Puis plus tard, afin d'avoir sa bien-aimée Rachel, il a dû faire encore sept ans de service avec son beau-père, bien qu'il ait déjà servi Laban pendant sept ans pour avoir sa femme.

Le séjour total chez son beau-père fut de vingt ans, pendant lesquels il se vit refuser son salaire; et, si Dieu n'était pas intervenu en sa faveur, Jacob serait retourné chez ses parents, avec seulement le bâton à la main, comme il était parti, et en plus avec une grande famille.

Malgré toutes les vicissitudes que le patriarche a traversées dans sa vie, Dieu ne l'a jamais quitté. En effet, dans les moments cruciaux, alors que sa vie était en danger, il pouvait voir l'intervention miraculeuse de l'Éternel en sa faveur, le libérant de la main cruelle de son frère Ésaü.

Les nombreuses amertumes qu'il a dû avaler au cours de ses cent quarante-sept ans de vie terrestre provoquées par sa famille, à la veille de sa mort, il pouvait dire que le Dieu d'Abraham et son père Isaac, le nourrissaient continuellement (Genèse 48:15).

L'histoire de Jacob, telle que nous l'avons passée en revue, est pleine de grands enseignements pour nous, chrétiens et disciples de Jésus, qui vivons dans des environnements et des statuts sociaux différents. Les promesses que Dieu a faites à Jacob, nous pouvons aussi les appliquer à nos vies, puisque, spirituellement parlant, nous sommes sa progéniture. Comme le Tout-Puissant était proche de Jacob dans les moments les plus difficiles et les plus critiques de son existence, de la même manière il sera proche de chacun de nous, pour nous encourager à ne pas craindre, à ne pas se décourager, à ne pas échouer dans notre voyage de foi, se souvenant en même temps des paroles de Jésus:

Voici, je suis avec vous tous les jours, jusqu'à la fin de l'âge présent. Amen! (Matthieu 28:20).

BIBLIOGRAPHIE

Nous citons les auteurs que nous avons consultés:

—Allen P. Ross, Recherche des Écritures, Ancien Testament, Maison de la Bible, Turin

- G. Von Rad, Genesis, Paideia, Brescia

- M. Henry, Commentaire biblique, version italienne, GIEC et A. Consorte, Montréal

- Ralph Gower, Usages et coutumes du temps de la Bible, Elle Di Ci - 10096 Leumann, Turin

- R. De Valux, OP Les institutions de l'Ancien Testament, Marietti, Turin

- S. Battaglia, GDLI, vol. VIII, Utet, Turin

HJ Zobel, dans GLAT (Grand Lexique de l'Ancien Testament), Vol. III, Col. 877-907. Paideia Brescia

Pubblicato da amazon il 25 aprile 2021

www.ingramcontent.com/pod-product-compliance
Lightning Source LLC
Chambersburg PA
CBHW051954150726

47999CB00004B/1374